Droit OHADA et responsabilité sociétale des entreprises

Collection « Études africaines »

dirigée par Denis Pryen et son équipe

Forte de plus de mille titres publiés à ce jour, la collection « Études africaines » fait peau neuve. Elle présentera toujours les essais généraux qui ont fait son succès, mais se déclinera désormais également par séries thématiques : droit, économie, politique, sociologie, etc.

Dernières parutions

Borice MOKELE, *Nganga et savoir ancestral de guérison au Congo-Brazzaville, Devin, thérapeute et médiateur*, 2023.
Issoufou Soulé MOUCHILI NJIMOM (dir.), *Science, humanité et développement*, 2023.
Issakha NDIAYE, *Les recours dans le contentieux des marchés publics au Sénégal, Guide à l'attention des opérateurs économiques*, 2023.
Louis Gautier MAMBOUNDOU, Florent MBUMBA BWASA, *Les expressions figurées en langue yipunu. Repères philosophiques du peuple Bapunu* (Républiques du Gabon et du Congo), 2023.
Balla CISSÉ, *La fin de la IIIe République au Mali, Histoire constitutionnelle, 18 août 2020-28 mai 2021*, 2022.
Tafsir BABA NDAO DIOUF, *l'esthétique de Léopold Sédar Senghor. Entre raison intuitive et raison discursive*, 2022.
Famoudou KONATE, avec la collaboration de Thomas OTT, *Mémoires d'un musicien africain. Ma vie – mon djembé – ma culture,* 2022.
Christelle MOLIMA BAMEKA, *Enfants soldats et réinsertion socio-communautaire. Questions de responsabilité pénale en droit international et national congolais*, 2022.
Simpara MAHAMADOU N'FA, *DE L'OUA AU G SAHEL. Une brève histoire de la gouvernance sécuritaire en Afrique*, 2022.
Emmanuel KOUROUSSOU GAOUKANÉ, *Les applications du Code de l'indigénat en Oubangui-Chari (1910-1946). Ou*

Droit OHADA et responsabilité sociétale des entreprises

Collection « Études africaines »

dirigée par Denis Pryen et son équipe

Forte de plus de mille titres publiés à ce jour, la collection « Études africaines » fait peau neuve. Elle présentera toujours les essais généraux qui ont fait son succès, mais se déclinera désormais également par séries thématiques : droit, économie, politique, sociologie, etc.

Dernières parutions

Borice MOKELE, *Nganga et savoir ancestral de guérison au Congo-Brazzaville, Devin, thérapeute et médiateur*, 2023.

Issoufou Soulé MOUCHILI NJIMOM (dir.), *Science, humanité et développement*, 2023.

Issakha NDIAYE, *Les recours dans le contentieux des marchés publics au Sénégal, Guide à l'attention des opérateurs économiques*, 2023.

Louis Gautier MAMBOUNDOU, Florent MBUMBA BWASA, *Les expressions figurées en langue yipunu. Repères philosophiques du peuple Bapunu* (Républiques du Gabon et du Congo), 2023.

Balla CISSÉ, *La fin de la IIIe République au Mali, Histoire constitutionnelle, 18 août 2020-28 mai 2021*, 2022.

Tafsir BABA NDAO DIOUF, *l'esthétique de Léopold Sédar Senghor. Entre raison intuitive et raison discursive*, 2022.

Famoudou KONATE, avec la collaboration de Thomas OTT, *Mémoires d'un musicien africain. Ma vie – mon djembé – ma culture*, 2022.

Christelle MOLIMA BAMEKA, *Enfants soldats et réinsertion socio-communautaire. Questions de responsabilité pénale en droit international et national congolais*, 2022.

Simpara MAHAMADOU N'FA, *DE L'OUA AU G SAHEL. Une brève histoire de la gouvernance sécuritaire en Afrique*, 2022.

Emmanuel KOUROUSSOU GAOUKANÉ, *Les applications du Code de l'indigénat en Oubangui-Chari (1910-1946). Ou*

Douty Abib TRAORÉ

DROIT OHADA ET RESPONSABILITE SOCIETALE DES ENTREPRISES

Un processus d'actualisation indispensable

Préface de François Pasqualini

L'Harmattan

5-7, rue de l'École-Polytechnique ; 75005 Paris
http://www.editions-harmattan.fr
ISBN : 978-2-14-029178-4
EAN : 9782140291784

À ma famille,
à mes amis,
à mes maîtres, universitaires et professionnels,
à ces personnes qui m'ont toujours soutenu.

PRÉFACE

Monsieur Douty Traoré est né en Côte d'Ivoire. Il a commencé ses études de droit à Abidjan avant de venir achever et compléter sa formation en France, d'abord à l'Université d'Avignon que je connais bien pour y avoir enseigné à une certaine époque, puis à l'Université de Bordeaux et, finalement, à l'Université Paris Dauphine-PSL. Il a en effet rejoint le Master 122 « Droits et responsabilité sociétale des entreprises » dont il a été brillamment diplômé en 2021. C'est dans ce cadre que nous nous sommes connus puisqu'il a suivi mes cours de droit du crédit et de droit des sociétés.

Le Master 122 étant un diplôme de recherche – il s'agit du DEA de droit économique et social que mon regretté collègue Élie Alfandari avait créé en 1984 –, Monsieur Traoré a choisi de consacrer le mémoire qu'il a rédigé à l'Organisation pour l'harmonisation en Afrique du droit des affaires (OHADA)[1]. Ce choix se comprend aisément dès l'instant où l'on sait que son intérêt pour cette organisation et le droit qu'elle a créé est ancien : il est titulaire du diplôme « Juriste d'affaires OHADA » de l'Université de Bordeaux et cofondateur de l'Institut bordelais de droit OHADA qu'il a personnellement présidé jusqu'à l'automne 2020. Le présent ouvrage est issu de cet excellent mémoire.

---

[1] Au cours de son année universitaire à Paris, Monsieur Traoré a aussi rédigé, avec l'une de ses camarades de promotion, Madame Nadia-Ariadna Sava, et moi-même, une étude intitulée « Le capitalisme responsable : la question des dividendes » qui est une synthèse d'un colloque organisé le 17 mars 2021 par le Master 122 « Droits et responsabilité sociétale des entreprises » et la *House of Finance* de l'Université Paris Dauphine-PSL (*Revue Banque*, numéro spécial « *House of Finance Days* 2021 : comment financer l'avenir », octobre 2021).

La réflexion de Monsieur Traoré part d'un constat. L'OHADA a réussi à s'imposer comme un véritable instrument juridique au service du développement économique. Grâce aux actes uniformes, qui sont autant de lois directement et obligatoirement applicables au sein des dix-sept États membres, elle offre un cadre de qualité afin d'apporter une garantie de sécurité juridique et judiciaire aux acteurs économiques africains et aux investisseurs internationaux. Si, de ce point de vue, l'OHADA est un succès, force est de reconnaître que l'amélioration espérée de la situation socio-économique des pays membres de l'organisation n'a pas toujours été une réalité. C'est pourquoi, depuis la fin des années 2000, l'OHADA a entrepris de faire évoluer son droit afin de lui donner le dynamisme indispensable dans un contexte économique marqué par le libéralisme et la mondialisation. Si l'initiative est heureuse, elle conduit néanmoins à s'interroger sur le sens profond des réformes engagées. Il s'agit bien sûr de poursuivre l'objectif historique de développement économique des États membres par une sécurisation juridico-judiciaire des investissements, mais l'organisation peut-elle continuer à ignorer les enjeux environnementaux et sociétaux de l'époque contemporaine ? À cette question, Monsieur Traoré répond par la négative d'une façon parfaitement convaincante. Le progrès économique ne saurait se faire au détriment du progrès social ou dans l'ignorance des défis soulevés par la survie de la planète et l'éducation ou la santé des populations. En d'autres termes, l'OHADA a évidemment intérêt à intégrer les principes et les raisonnements de la responsabilité sociétale des entreprises (RSE) dans son droit afin que ce dernier parvienne à répondre aux besoins et aux attentes des hommes et des femmes du XXIème siècle.

Monsieur Traoré est réaliste. Il est bien conscient que le caractère obligatoire des actes uniformes et la complexité de leur procédure d'adoption sont des facteurs qui risquent de freiner l'assimilation de la RSE par le droit OHADA. Aussi préconise-t-il d'emprunter un chemin plus souple et plus simple : la rédaction d'une charte qui ne serait certes pas obligatoire, mais qui serait judicieusement accompagnée de mesures incitatives – par exemple un label et un prix RSE – afin de susciter l'adhésion pratique des entreprises et de leurs parties prenantes.

Monsieur Traoré, qui est par ailleurs un sportif accompli, propose un ouvrage d'une indéniable richesse qui constitue une passionnante contribution au droit OHADA et un vif plaidoyer en faveur de la RSE. Grâce à la forte conviction qui l'anime, dont on doit le féliciter, il a parfaitement atteint l'objectif scientifique qu'il s'était fixé.

François Pasqualini
Professeur à l'Université Paris Dauphine-PSL

PRINCIPALES ABRÉVIATIONS

AFD	Agence française de développement
Al.	Alinéa
ARP	Assemblée de représentants du peuple
Art.	Article
AU	Acte uniforme
AUA	Acte uniforme portant sur l'arbitrage
AUCTMR	Acte uniforme sur les contrats de transport des marchandises par route
AUDCG	Acte uniforme portant sur le droit commercial général
AUDCIF	Acte uniforme portant sur le droit comptable et l'information financière
AUM	Acte uniforme portant sur la médiation
AUPCAP	Acte uniforme sur les procédures collectives d'apurement du passif
AUPSRVE	Acte uniforme portant organisation des procédures simplifiées de recouvrement et des voies d'exécution
AUS	Acte uniforme portant sur les sûretés
AUSCGIE	Acte uniforme portant sur les sociétés commerciales et les groupements d'intérêt économique
AUSCOOP	Acte uniforme portant sur les sociétés coopératives
BAMREL	Bureau africain et malgache de recherches et d'études législatives
CCJA	Cour commune de justice et d'arbitrage

CEE	Communauté économique européenne
CEMAC	Communauté économique et monétaire de l'Afrique centrale
Cf.	Confer
CJIP	Convention judiciaire d'intérêt public
CJUE	Cour de justice de l'union européenne
CNUCED	Commission des nations unies pour le commerce et le développement
CRPC	Comparution sur reconnaissance préalable de culpabilité
CSR	*Corporate Social responsability*
DB	*Doing business*
Dir.	Directeur
EDF	Électricité de France
ERSUMA	École régionale supérieure de la magistrature
ESS	Économie sociale et solidaire
FIAS	*Facility for investment climate advisory services program*
GIEC	Groupe d'experts intergouvernemental sur l'évolution du climat
GRI	*Global reporting initiatives*
Ibid.	*Ibidem*
ISO	*International Standardization Organization*
JO	Journal officiel
OCAM	Organisation commune africaine et malgache
OCDE	Organisation de coopération et de développement économique
ODD	Objectifs de développement durable

OHADA	Organisation pour l'harmonisation en Afrique du droit des affaires
OHADAC	Organisation pour l'harmonisation du droit affaires dans les Caraïbes
OIT	Organisation internationale du travail
ONG	Organisation non gouvernementale
Op cit.	*Opere citato*
ONU	Organisation des nations unies
PACI	Projet d'amélioration du climat des investissements
PACTE	Plan d'action pour la croissance et la transformation des entreprises
PIB	Produit intérieur brut
PME	Petite et moyenne entreprise
RCCM	Registre du commerce et du crédit mobilier
RRI	*Rights and Resources Initiatives*
RSE	Responsabilité sociétale des entreprises
SARL	Société à responsabilité limitée
SAS	Société par action simplifiée
SYSCOHADA	Système comptable OHADA
TPE	Très petite entreprise
UAM	Union africaine et mauricienne
UE	Union européenne
UEMOA	Union économique et monétaire ouest- africaine
UNIDA	Unification du droit en Afrique
UNIDROIT	Institut international pour l'unification du droit privé
V.	Voir
ZLECAf	Zone de libre-échange continental africaine

INTRODUCTION GÉNÉRALE

1. « L'opportunité s'offre à moi au moment où je dirige l'organisation de combler une lacune de l'ensemble du Code vert, en ce sens que nous avons dix actes uniformes qui touchent des aspects très importants du droit des affaires, mais qui ne confrontent malheureusement pas de façon systématique cette question épineuse qui préoccupe le monde et plus particulièrement l'Afrique où on observe parfois des dérives ». C'est à travers ces propos introductifs que le professeur Darankoum (E. S.)[2], lors d'un webinaire[3] organisé par le Conseil français des investisseurs en Afrique (CIAN), a pointé du doigt les lacunes de l'Organisation pour l'harmonisation en Afrique du droit des affaires (OHADA) liées à l'absence de la Responsabilité sociétale des entreprises (RSE) en son sein.

2. L'OHADA et ses États membres. Le Traité de Port-Louis[4] du 17 octobre 1993, révisé au Québec[5] Le 17 octobre 2008 est l'aboutissement du processus de l'élaboration de l'OHADA. Émanation de la volonté de ses États membres, l'OHADA est un instrument destiné à apporter une solution juridico-judiciaire en vue de sécuriser les investissements nationaux et étrangers au sein de ces États. L'OHADA est à ce jour la plus importante organisation d'intégration juridique que connaît l'Afrique avec ses dix-sept États membres que sont : le Bénin, le Burkina Faso, le Cameroun, la Centrafrique, la Côte d'Ivoire, le Congo, les Comores, le Gabon, la Guinée, la Guinée-Bissau, la Guinée Équatoriale, le Mali, le Niger, la République Démocratique du Congo (RDC), le Sénégal, le

---

[2] Emmanuel Sibidi Darankoum, actuel Secrétaire Permanent de l'OHADA

[3] CIAN, *vers une intégration de la RSE en droit OHADA*, 06 mai 2021, [en ligne], (dernière consultation le 08 mai 2021), https://www.youtube.com/watch?v=_RkIT6swzXo

[4] En île Maurice

[5] Au Canada

Tchad et le Togo. Tous les États, membres de l'Union africaine (UA) peuvent adhérer à l'OHADA s'ils en font la demande. Par ailleurs, des États n'étant pas membres de l'UA peuvent également être invités à y adhérer d'un commun accord de l'ensemble des États membres de l'organisation.

3. L'OHADA et ses actes uniformes. Les actes uniformes sont les textes de loi de l'OHADA qui, une fois adoptés, sont d'application directe et obligatoire au sein des différents États membres. L'organisation compte actuellement dix actes uniformes qui sont regroupés au sein du Code vert de l'OHADA, ce sont : l'acte uniforme portant sur le droit commercial général (AUDCG), l'acte uniforme portant organisation des procédures simplifiées de recouvrement et des voies d'exécution (AUPSRVE), l'acte uniforme portant organisation des procédures collectives et d'apurement du passif (AUPCAP), l'acte uniforme relatif aux contrats de transport de marchandises par route (AUCTM), l'acte uniforme portant organisation des sûretés (AUS), l'acte uniforme relatif au droit des sociétés coopératives (AUSCOOP), l'acte uniforme relatif au droit des sociétés commerciales et du groupement d'intérêt économique (AUSCGIE), l'acte uniforme relatif au droit comptable et à l'information financière (AUDCIF), l'acte uniforme relatif au droit de l'arbitrage (AUA) et enfin l'acte uniforme relatif à la médiation (AUM).

4. L'OHADA et ses institutions. Les missions confiées à l'OHADA sont efficacement accomplies grâce au dynamisme du personnel qu'elle mobilise. L'ensemble de ce personnel exerce sa mission par l'entremise de cinq institutions. Ces dernières constituent les piliers de l'organisation, ce sont : La Conférence des chefs d'État et de gouvernement, le Conseil des ministres, le secrétariat permanent, l'École régionale supérieure de la magistrature

(ERSUMA) et l'institution judiciaire de l'OHADA qu'est la Cour commune de justice et d'arbitrage (CCJA).

5. L'OHADA et ses nouveaux chantiers. Les dirigeants de l'OHADA n'entendent pas laisser ce droit être frappé de caducité. À cet effet, ils le font régulièrement évoluer afin qu'il soit en permanence adapté à la réalité du moment. Dès 2008, les premières révisions d'actes uniformes ont eu lieu afin de leur apporter plus d'efficacité et de modernité. Lors de la cinquantième session du Conseil des ministres qui s'est tenue du 24 au 25 mars 2021 au Mali, de nombreux chantiers ont été annoncés. En effet, le Conseil des ministres a fait savoir qu'il prévoit une révision du Traité en vue d'une meilleure prise en compte par celui-ci de plusieurs sujets contemporains. L'une des raisons justificatives de cette révision, qui par ailleurs met en exergue la volonté de l'OHADA d'être au rythme de son temps, est l'avènement de la Zone de libre-échange continentale africaine (ZLECAf). Un autre chantier, proche de l'objet de cette présente étude, figure dans les ambitions de l'OHADA. Il s'agit de la réalisation d'une étude exploratoire sur la RSE en vue de son intégration dans le droit OHADA. Le Conseil des ministres a, à ce propos, instruit le Secrétaire permanent de procéder à la réalisation de cette étude.

6. La définition européenne de la RSE. Développée par les auteurs de l'Amérique du nord dès les années 50 avec principalement Bowen (H. R.) à travers son œuvre intitulée *Responsibilities of the Businessman*[6], la RSE est un concept qui est en pleine expansion. Malgré l'engouement qu'elle suscite, elle demeure un concept dont la définition manque de clarté et de précision.

[6] Bowen (H.), *Social responsibilities of the businessman*, New York, NY, Harper, 1953.

Néanmoins, la Commission européenne dans une récente approche a tenté de définir la RSE en l'appréhendant comme : « la responsabilité des entreprises vis-à-vis des effets qu'elles exercent sur la société ». Il apparaît à travers cette définition que les entreprises peuvent désormais voir leur responsabilité être engagée du fait des impacts de leurs activités sur la société. De ce fait, outre les objectifs économiques, les entreprises doivent songer à poursuivre des objectifs en lien avec la préservation de l'équilibre de la société.

7. Les engagements non économiques de la RSE. Les objectifs non économiques que les entreprises doivent poursuivre dans le cadre de la RSE sont d'ordre social, sociétal et environnemental. À cet égard, les entreprises doivent se garder d'impacter négativement l'environnement dans le cadre de leurs activités économiques. Elles doivent également traiter leurs salariés en toute responsabilité, et adopter des comportements plus respectueux des droits humains aussi bien en interne qu'en externe. Ces engagements sont les piliers sur lesquels repose la RSE, ils sont également les raisons du succès de ce concept. Ce succès se justifie par le fait que les enjeux mondiaux actuels tournent principalement autour du climat, et du respect des droits humains. Ces questions sont si cruciales, et les défis si déterminants que nul ne souhaite rester en marge de cette marche vers un développement plus vert. Hormis les entreprises, les organisations internationales comme l'Organisation des nations unies (ONU), ou l'Organisation de coopération et de développement économique (OCDE) s'intéressent fortement à la RSE au point de produire des normes en la matière. L'OHADA a presque l'obligation de suivre l'exemple de ces organisations en s'accaparant la RSE, tout en l'adaptant aux réalités de l'Afrique.

8. Du code vert aux normes vertes. Parce que la modernité tant affirmée du droit OHADA ne saurait empêcher qu'il s'actualise, il est apparu nécessaire à l'heure où la RSE connaît un essor fulgurant à travers le monde, de mener une réflexion portant sur l'introduction de celle-ci dans l'OHADA. Le site internet www.larousse.fr définit le verbe actualiser en ces termes : « Rendre quelque chose actuel, l'adapter à des besoins nouveaux, au monde présent[7] ». Actualiser l'OHADA par la RSE revient alors à l'adapter aux besoins sociétaux et environnementaux nouveaux, en intégrant dans ce droit des normes issues de la RSE. Ce concept étant un dispositif susceptible de répondre efficacement aux défis environnementaux et sociétaux présents, l'introduire dans le droit OHADA contribuera à rendre ce droit plus enclin à faire face à ces défis. En effet, détenir un code *vert* destiné à harmoniser le droit des affaires c'est bien, mais il est mieux, au regard des enjeux actuels, de détenir des normes *vertes* en vue de responsabiliser les entreprises et leurs parties prenantes.

9. Le cadre d'étude. Cet ouvrage sera principalement axé sur le droit OHADA et la RSE, en vue d'aborder une réflexion sur l'intérêt qu'a le premier à s'ouvrir à la seconde. Mais également, il conviendra de s'attarder sur le mode opératoire que les dirigeants de l'OHADA devront mettre en œuvre pour aboutir à la concrétisation de ce projet.

10. Le problème. L'idée de mener une réflexion sur l'actualisation de l'OHADA par le canal de la RSE s'inscrit dans un objectif bien précis : répondre à la question de l'intérêt de cette actualisation, ainsi qu'aux modalités de sa mise en œuvre. Dès lors, le problème

---

[7] Dictionnaire Larousse, [en ligne], (dernière consultation le 10 mai 2021), https://www.larousse.fr/dictionnaires/francais/actualiser/954

auquel ce travail tentera d'apporter une réponse est le suivant : quel intérêt a l'OHADA à s'ouvrir à la RSE, et par quels procédés y parvenir ?

11. Objectifs. Cet ouvrage qui prétendait être avant-gardiste au moment du choix de sa thématique a fini par être un ouvrage d'actualité au fur et à mesure de sa rédaction. Ce, au regard de ce récent *lobbying*[8] qu'il y a actuellement autour de cette question de l'intégration de la RSE en droit OHADA. Néanmoins, ce travail contient des propositions quant aux modalités normatives ou non normatives d'accueil de la RSE en droit OHADA sur lesquels pourraient s'appuyer les instances décisionnaires de cette organisation pour réaliser leur volonté d'y intégrer la RSE. En outre, il pourrait être un outil pédagogique à la disposition des élèves, étudiants, enseignants ou professionnels qui développent une appétence aussi bien pour le droit OHADA que pour la RSE.

12. Plan. En réponse au problème ci-dessus évoqué, ce travail présentera de façon succincte les matières que contient son cadre d'étude[9]. Présenter ces matières permettra aux lecteurs n'ayant pas de notions en droit OHADA et/ou en RSE d'avoir des bases ou de les consolider avant d'aborder la question cruciale de la rencontre entre l'OHADA et la RSE. À cet effet, une étude sera menée sur la constante évolution de ces matières (**Partie première**), avant d'orienter la réflexion sur la nécessité de la rencontre entre l'OHADA et la RSE (**Partie II**). Aussi, au vu des précédentes réformes qui sont

---

[8] Il existe en ce moment de nombreux articles, des conférences ou des *interviews* de l'actuel Secrétaire permanent qui portent sur la question de l'intégration de la RSE en droit OHADA. Plus récemment, l'un des thèmes du concours annuel du meilleur article OHADA sur lesquels les candidats doivent mener une réflexion porte sur la relation entre l'OHADA et la RSE.

[9] Cf. supra n°9

intervenues en droit OHADA, importe-t-il d'entamer cette présente étude par un chapitre préliminaire portant sur celles-ci. Malheureusement, malgré les impacts positifs des réformes de l'OHADA engagées dès 2008, ces dernières n'ont pas pris en compte la RSE. Une véritable occasion manquée !

CHAPITRE PRÉLIMINAIRE.

LES PREMIÈRES RÉFORMES DE L'OHADA : UNE OCCASION MANQUÉE QUANT À LA PRISE EN COMPTE DE LA RSE

13. Des réformes nécessaires. Plusieurs années après la création du droit OHADA, les résultats escomptés de certains actes uniformes n'avaient pas été atteints. L'amélioration tant espérée de la situation socio- économique des États membres peinait à être une réalité. Plusieurs actes uniformes[10] semblaient ne pas être la solution qui permettrait d'apporter un nouveau souffle à l'économie de ces États en crise. Face à cette situation, des actions fortes s'imposaient. Cette absence de résultat probant loin de décourager le législateur de l'OHADA, l'a interpellé sur la nécessité de procéder à une réforme de ce droit qui, bien que peu efficace en ce temps, laissait entrevoir des signes prometteurs. En outre, au- delà de réformer le droit OHADA, il était apparu nécessaire de lui apporter une touche de modernité. Le monde des affaires étant un monde qui ne stagne pas, le législateur *ohadien* ne pouvait pas se permettre de faire du droit OHADA un droit qui ne s'adapte pas aux réalités changeantes et évolutives de l'environnement des affaires. Commettre l'erreur de faire du droit OHADA un droit statique aurait accéléré son obsolescence dans un monde des affaires en pleine et rapide mutation. Cette volonté de rendre le droit OHADA plus efficace et plus moderne s'est matérialisée vers la fin des années 2000. Ce, à travers la révision du Traité intervenue en 2008 au Québec, ainsi que celle de plusieurs actes uniformes.

---

[10] À titre d'exemple, l'acte Uniforme portant sur les procédures collectives et d'apurement du passif faisait preuve d'un manque d'efficacité au point où le professeur Filiga Michel SAWADOGO affirmait que : « *des entreprises en difficulté, on en trouve un peu partout en Afrique ; des entreprises en difficulté qui se redressent, on en cherche* ».

14. Les actes uniformes révisés. Six des dix actes uniformes que compte le droit OHADA ont été déjà révisés, ce sont :

- l'acte uniforme révisé portant organisation des sûretés adopté le 15 décembre 2010 à Lomé[11], et entré en vigueur le 16 mai 2011. L'acte uniforme portant organisation des sûretés originel quant à lui a été adopté le 17 avril 1997 ;
- l'acte uniforme révisé portant sur le droit commercial général adopté le 15 décembre 2010 à Lomé et entré en vigueur le 16 mai 2011. L'acte uniforme relatif au droit commercial général originel a été adopté le 17 avril 1997 ;
- l'acte uniforme révisé relatif au droit des sociétés commerciales et groupement d'intérêt économique a été adopté le 30 janvier 2014 à Ouagadougou[12] et entré en vigueur le 5 mai 2014. L'acte uniforme relatif au droit des sociétés commerciales et groupement d'intérêt économique originel a été adopté le 17 avril 1997 ;
- l'acte uniforme révisé portant organisation des procédures collectives et d'apurement du passif a été adopté le 10 septembre 2015 à Grand-Bassam[13]. L'acte uniforme portant organisation des procédures collectives et d'apurement du passif originel a été adopté à Libreville[14] le 10 avril 1998 et est entré en vigueur le 1er janvier 1999 ;
- l'acte uniforme relatif au droit comptable et à l'information financière a été adopté le 26 janvier 2017 à Brazzaville[15] et est entré en vigueur le 1er janvier 2018. L'acte originel s'intitulait l'acte uniforme portant

---

[11] Au Togo
[12] Au Burkina-Faso
[13] En Côte d'Ivoire
[14] Au Gabon
[15] Au Congo

organisation et harmonisation des comptabilités des entreprises, il a été adopté le 24 mars 2000 ;

- et enfin l'acte uniforme révisé relatif au droit de l'arbitrage adopté le 23 novembre 2017 à Conakry[16]. L'acte uniforme relatif au droit de l'arbitrage originel a été adopté le 11 mars 1999 et est entré en vigueur le 11 juin 1999.[17]

15. La période des révisions des actes uniformes. L'ensemble de ces révisions s'est déroulé sur une période d'environ sept années, soit du mois de décembre 2010 au mois de novembre 2017. Sept années de réformes qui permettent de comprendre que le législateur du droit OHADA n'entendait pas laisser ce droit être dépassé. Pour preuve, il y a actuellement un projet de révision de l'acte uniforme portant organisation des procédures simplifiées de recouvrement et des voies d'exécution[18]. Ce projet de modernisation du droit OHADA - fort heureusement - se poursuit et ne se limite pas aux révisions des actes uniformes. Le législateur va en adopter de nouveaux.

16. Les actes uniformes récemment adoptés. Cette dynamique de modernisation du droit OHADA a conduit les législateurs à adopter de nouveaux actes uniformes. Ainsi, depuis 2010 ce sont deux actes uniformes qui ont été élaborés. Ces deux nouveaux textes adoptés sont venus renforcer le dispositif législatif de l'OHADA en lui apportant une touche de modernité. Le 15 décembre 2010, l'acte uniforme portant sur le droit des sociétés

---

[16] En Guinée

[17] En Guinée

[18] Un avis de sollicitation de manifestation d'intérêt pour la sélection d'un cabinet chargé de la révision de l'acte uniforme portant organisation des procédures simplifiées de recouvrement et des voies et d'exécution a été publié sur le site ohada.com le 17 septembre 2020. Ce, dans le cadre du Projet d'amélioration du climat des investissements au sein de l'OHADA (PACI)

coopératives a été adopté, il est entré en vigueur le 16 mai 2011. L'avènement de cet acte uniforme est très salutaire, il permet en effet de soustraire les sociétés collectives[19] de l'emprise de l'acte uniforme relatif au droit des sociétés commerciales et des groupements d'intérêt général. Cet acte uniforme composé de trois cent quatre-vingt-dix-sept articles apporte une réglementation particulière applicable à ces sociétés, ce, en lui affirmant son caractère *sui generis*. Plus récemment, le 23 décembre 2017 à Conakry, a été adopté l'acte uniforme relatif à la médiation qui est entré en vigueur le 23 février 2018. Cet acte uniforme vient en renfort à l'acte uniforme portant sur l'arbitrage, en vue de favoriser le recours aux règlements non judiciaires des conflits dans l'espace OHADA. Outre ces deux actes uniformes relativement récents, il existe des avant-projets d'actes uniformes.

17. L'acte uniforme sur le droit des contrats en cours d'adoption… En réaction à une demande du conseil des ministres de l'OHADA, l'UNIDA a fourni l'expertise en la personne du professeur Fontaine (M.)[20], pour l'élaboration d'un avant-projet d'acte uniforme portant sur le droit des contrats. Dans ce cadre, à la suite des travaux préparatoires et de nombreuses consultations menées auprès de spécialistes et experts africains, cet avant-projet

---

[19] L'article 4 de l'acte uniforme portant sur le droit des sociétés collectives les définit en ces termes : « *un groupement autonome de personnes volontairement réunies pour satisfaire leurs aspirations et besoins économiques, sociaux et culturels communs, au moyen d'une entreprise dont la propriété et la gestion sont collectives et où le pouvoir est exercé démocratiquement et selon les principes coopératifs. La société coopérative peut, en plus de ses coopérateurs qui sont les principaux usagers, traiter avec des usagers non coopérateurs dans les limites que fixent les statuts* ».

[20] Professeur émérite, ancien Directeur du Centre de droit des obligations, Faculté de droit de l'Université catholique de Louvain-La-Neuve, Belgique.

d'acte uniforme portant sur le droit des contrats accompagné d'une note explicative a été produit par le professeur Fontaine. Ces travaux ont par la suite été remis par le secrétaire de l'UNIDA au Secrétaire permanent, qui à son tour les a remis aux États membres de l'OHADA en 2005 en vue de leur examen. Ce projet n'a malheureusement jamais abouti.

18. …et ses avantages. Le projet d'acte uniforme portant sur le droit des contrats, qui semble ne plus être d'actualité, aurait apporté davantage de modernité au droit OHADA, dans la mesure où il tire ses sources des principes de l'Institut international pour l'unification du droit privé[21] (UNIDROIT) relatif aux contrats du commerce international. Ces principes sont un ensemble de règles conçu par des juristes issus des principaux systèmes juridiques, et qui pour y aboutir se sont inspirés de diverses sources que sont notamment : les droits nationaux portant sur les contrats, la jurisprudence, la doctrine et les apports d'instruments financiers comme la Convention de Vienne sur les contrats de vente internationale de marchandises. Le fait de s'inspirer de ces principes pour concevoir l'avant- projet de l'acte uniforme portant sur le droit des contrats garantit à ce texte une ouverture sur le monde, ce qui est indéniablement un effet positif dans ce contexte de mondialisation. Par ricochet, cela aurait rendu l'OHADA plus apte à être accueillie dans d'autres pays dotés d'un système autre que le système romano-germanique, qui a été jusqu'à maintenant la principale source d'inspiration des actes uniformes actuellement en vigueur.

19. L'acte uniforme sur le droit du travail en cours d'adoption… En plus du projet de l'acte uniforme portant

---

[21] Organisation intergouvernemental indépendante créée en 1926 et basée à Rome

sur le droit des contrats, un autre acte uniforme non moins important semble manquer au dispositif juridique du droit OHADA, il s'agit de celui portant sur le droit du travail. En effet, le juge M'Baye (K.), ainsi que son conseiller monsieur Kirsch (M.) estimaient que l'adoption de l'acte uniforme portant sur le droit du travail constituerait une avancée notable pour l'unité juridique et économique du continent. Les travaux en vue de la réalisation de cet objectif ont été réalisés le 24 novembre 2006 à Douala, au Cameroun. Ceux- ci ont permis d'élaborer l'avant-projet de l'acte uniforme portant sur le droit du travail. De nombreux experts, notamment ceux de la zone CEMAC, portaient un réel intérêt à ce projet. Réunis du 25 au 28 novembre 2015 à Malabo, en Guinée équatoriale, ils ont exprimé leur volonté de voir se réaliser ce projet d'adoption de l'acte uniforme portant sur le droit du travail. Ils n'ont pas manqué à cet effet de relever qu'il serait important que ce texte prenne en compte leur préoccupation, en vue d'aboutir à une harmonisation consensuelle du droit du travail dans l'espace OHADA.

20. …et les difficultés rencontrées lors de son élaboration. La rédaction de l'avant-projet de l'acte uniforme portant sur le droit du travail, en comparaison aux autres actes uniformes existants, a présenté plus de complexité. En effet, ce texte doit d'être le résultat d'une collaboration tripartite, en ce sens où il doit être le fruit d'un compromis entre les positions des salariés, des États et celle des employeurs à l'image du modèle adopté par l'Organisation internationale du travail (OIT). Aussi difficile que cela puisse paraître, ce texte devra trouver un dénominateur commun à toutes ces parties, dans ce droit qui a la caractéristique d'être très conflictuel. Réussir ce pari renforcerait le dynamisme du droit OHADA, et le propulserait au rang des textes qui se veulent respectueux des intérêts de toutes les parties en présence dans une relation de travail. Ces deux actes uniformes, dont leur entrée en vigueur ne semble plus être d'actualité, mettent malgré tout en évidence la volonté du législateur de l'OHADA de poursuivre cette dynamique de développement de ce droit. L'adoption de ces nouveaux textes aurait contribué au développement du droit OHADA tout en accentuant son modernisme.

21. Des avancées uniquement sur le plan économique. L'objectif affiché par le législateur de l'OHADA au moment de la mise en œuvre de ces réformes était de renforcer l'efficacité de l'OHADA en tant qu'instrument au service du développement économique. Ce programme de réformes a été financé en partie par le fonds de financement de services-conseils pour l'amélioration du climat des affaires (*Facility for investment climate advisory services program-FIAS*) du groupe de la banque mondiale. Le 30 janvier 2019, le groupe de la banque mondiale a en effet publié un rapport[22] sur le développement du secteur privé dans les dix-sept États membres de l'OHADA. Ce rapport a révélé que les réformes de l'OHADA ont eu un impact significatif sur le développement du secteur privé au sein de ces États. L'étude ayant donné lieu à ce rapport s'est appesantie sur l'impact qu'ont eu quatre actes uniformes révisés sur l'environnement des affaires dans l'espace OHADA, ce sont : l'acte uniforme portant sur le droit commercial général, l'acte uniforme portant sur les sociétés commerciales et les groupements d'intérêt économique, l'acte uniforme portant sur les sûretés et l'acte uniforme portant sur les procédures collectives et d'apurement du passif. L'examen de ces quatre actes uniformes révisés a fait ressortir le constat selon lequel, ces révisions ont eu un

---

[22] *In.* « *Évaluation de l'impact des réformes OHADA : actes uniformes sur le droit commercial général, des sociétés, des sûretés et de l'apurement du passif* », Banque mondiale, 2018

impact positif sur l'amélioration de l'accès au financement, de l'enregistrement des entreprises et des économies des coûts. À titre d'exemple, ce rapport révèle que la mise en œuvre de l'acte uniforme révisé portant sur les sûretés à lui seul, a permis aux États membres de l'OHADA de générer entre 2011 et 2015, plus de trois milliards de dollars de crédit d'origine nationale au secteur privé. Les modifications apportées aux quatre actes uniformes qui ont fait l'objet de l'étude de ce rapport ont eu une conséquence commune : l'apport de solutions en vue d'une amélioration économique au sein de l'espace OHADA.

22. L'apport de l'AUDCG, de l'AUS de l'AUSCGIE et de l'AUPCAP. Ce rapport d'évaluation de la banque mondiale a révélé que ces quatre actes uniformes révisés ont contribué à l'amélioration du climat des affaires dans l'espace OHADA. En effet, l'AUDCG reconnaît depuis sa révision de 2010, le statut d'entreprenant, il a également été doté d'un régime simplifié pour les micros entreprises et encourage l'informatisation des données du registre de commerce et du crédit mobilier (RCCM). L'AUS également révisé en 2010, a allongé la liste des actifs susceptibles d'être utilisés comme sûretés, et permet désormais la réalisation d'une sûreté autonome et extrajudiciaire. Quant à l'AUSCGIE révisé en 2014, il introduit en droit OHADA la Société par actions simplifiée (SAS) tout en facilitant l'enregistrement de la Société à responsabilité limitée (SARL), ce qui laisse transparaître une volonté de simplification des procédures de création de sociétés en droit OHADA. Pour sa part, l'AUPCAP révisé en 2015 apporte une simplification aux procédures existantes. Cependant, une nouvelle procédure fait son entrée en droit OHADA : la conciliation. Ce texte réglemente par ailleurs de façon plus encadrée le statut des mandataires judiciaires. Toutes ces modifications ci-dessus relevées - sans exhaustivité - ont un but : celui d'apporter une sécurité juridique et judiciaire dans l'environnement des affaires dans l'espace OHADA. L'atteinte de cet objectif a pour conséquence le renforcement de l'attractivité de l'espace OHADA aux yeux des investisseurs. Le but recherché ici est donc purement économique. Il convient de préciser que le financement du groupe de la banque mondiale s'est fait dans le cadre du projet d'amélioration du climat des investissements (PACI), ce qui laisse entrevoir que les objectifs visés étaient de rétablir la santé économique des États membres de l'OHADA par l'assainissement du climat des affaires.

23. Une occasion manquée de l'entrée de la RSE... Au- delà des aspects positifs qu'affichent ces réformes de l'OHADA, il paraît impérieux d'apporter une critique portant sur le fait que la RSE n'a malheureusement pas été prise en compte par le législateur OHADA en ce moment[23]. Certes, il existe quelques rares dispositions qui fondamentalement sont proches de ce qu'exige la RSE, mais celles-ci ont été élaborées dans le but d'apporter une amélioration sur un plan économique. Le législateur OHADA n'avait - jusqu'à cette période - jamais affiché des prétentions allant dans le sens de la RSE lors de la rédaction des textes. Ces réformes étaient une belle aubaine que le législateur OHADA pouvait saisir afin d'introduire des concepts de la RSE dans le droit OHADA, ce ne fut malheureusement pas le cas. Si cette critique prend tout son sens quand on explore les différentes révisions qui ont pu être effectuées, elle semble cependant être discutable à l'observation de l'avant-projet de l'acte uniforme portant sur le droit du travail. En effet, celui- ci fait naître l'espoir de voir une prise en compte des

---

[23] Seule l'obligation de *reporting* introduite dans le SYSCOHADA lors de sa réforme de 2017 laisse entrevoir une prise en compte des données non-économiques en droit OHADA, Cf. V. Infra n°126

intérêts des différents acteurs sociaux par le droit OHADA, notamment ceux des salariés. Mais en l'état actuel des choses, cet avant-projet n'a jamais vu le jour, et n'a pas été conçu avec un objectif fondamentalement basé sur la RSE.

24. ...due à l'absence des données environnementales et sociétales. Le droit OHADA ne dispose pas de normes qui prennent en compte la préservation de l'environnement, et cette réforme n'a pas su combler ce handicap malgré les nombreuses révisions qui ont été réalisées. Sur le plan sociétal, le fait que le droit OHADA soit un droit simple et adapté aux réalités de sa zone d'application - c'est-à-dire un droit conçu en fonction des réalités sociétales et culturelles de l'espace OHADA - pourrait laisser croire que l'aspect sociétal de la RSE est effectif en droit OHADA. Cette adaptation de ce droit aux réalités sociétales et culturelles de la zone OHADA, bien qu'étant une force de ce droit, n'a pas été pensée en vue de préserver l'intérêt sociétal dans son ensemble. En effet, le seul but recherché par cette adaptation est la facilitation des relations d'affaires entre les acteurs intervenant dans cette zone. Autrement dit, cette adaptation du droit OHADA ne bénéficie qu'aux personnes installées au sein des États membres de l'OHADA qui s'engagent dans des relations d'affaires réglementées par les dispositions de l'OHADA. Dès lors, le ressortissant lambda de l'espace OHADA ne pourra pas directement bénéficier de cette caractéristique propre au droit OHADA, dans la mesure où il n'est pas un acteur du monde des affaires. La prise en compte des réalités sociétales par la RSE vise un intérêt général, il bénéficie à tous les membres de la société visée. Il est donc impossible d'affirmer sans se tromper que l'intérêt sociétal visé par la RSE est existant en droit OHADA. Ce, malgré le fait que ce droit soit adapté aux réalités sociétales de sa zone d'application.

25. *Modernisation* ou *actualisation* ? L'une des premières difficultés rencontrées lors de l'élaboration de cet ouvrage a été le choix du terme le plus adéquat entre *modernisation* et *actualisation* dans le sous-titre. Dans une certaine mesure, ces termes sont synonymes. Ils évoquent tous deux l'idée d'organiser un domaine de sorte qu'il soit conforme aux besoins du présent. Partant de ce constat, l'emploi du terme *modernisation* en lieu et place place d'*actualisation* dans l'intitulé aurait été possible. Toutefois, le choix du second n'est pas fortuit. En effet, l'emploi du terme *modernisation* aurait pu être perçu comme un acte prétentieux en ce sens que même si ce travail est censé apporter quelque chose de nouveau à l'OHADA, pour autant, il ne le modernise pas nécessairement. L'une des principales caractéristiques du droit OHADA est sa modernité, ce, depuis sa création en 1993. De surcroît, la réforme ci-dessus évoquée avait pour but de moderniser davantage ce droit en lui apportant des éléments qui n'avaient pas été pris en compte au moment de sa création, mais surtout en l'adaptant aux réalités actuelles d'un monde des affaires en pleine évolution. Prétendre moderniser ce droit par la RSE aurait été un acte difficile à assumer eu égard à tous les efforts qui ont déjà été consentis dans ce sens.

26. Un droit des affaires moderne, mais incomplet. Bien que l'OHADA soit un droit moderne, il n'en demeure pas moins qu'il est un droit inabouti. Pour preuve, ce droit qui est censé régir le monde des affaires au sein de ses dix- sept États membres ne réglemente pas certains domaines concernés par le droit des affaires. Les matières telles que le droit de la concurrence, le droit du transport de marchandises par voie aérienne ou maritime[24], le droit

[24] Seul le transport des marchandises est régi par le droit OHADA à travers l'acte uniforme portant les contrats de transport de marchandises par route.

de la distribution et surtout le droit des contrats[25] qui constitue le cœur des relations d'affaires ne sont pas prises en compte par le droit OHADA. L'OHADA malgré toute son efficacité et son utilité est actuellement un droit incomplet, dans la mesure où il ne régit pas l'ensemble des matières du droit des affaires. La modernité d'un droit ne se définit donc pas par sa perfection ou sa complétude. De ce fait, il est toujours possible de faire des apports en vue de rendre le droit OHADA plus actuel. Le législateur de l'OHADA a à cet effet laissé la porte ouverte à ces évolutions en ne faisant pas du droit OHADA un droit rigide. Partant de ce postulat, si prétendre moderniser le droit OHADA peut apparaître comme une action dépourvue de toute logique, l'actualiser est au contraire une action plus que nécessaire.

27. Vivement l'actualisation ! L'absence criante de la RSE dans le droit OHADA est un vide qu'il convient de combler de toute urgence au regard de l'importance et de la progression que connaît cette matière actuellement. Le droit OHADA malgré sa grande modernité ne pourra jamais se targuer d'être actuel s'il ne prend pas en compte la RSE, qui s'avère être une matière indispensable pour le monde des affaires. Ce travail a été élaboré en vue de permettre à l'OHADA d'être au cœur de cette nouvelle évolution. Il se veut être un instrument d'appui qui servira de façon concrète à l'actualisation de l'OHADA par la prise en compte de la RSE dans son dispositif. Le droit OHADA et la RSE sont d'ailleurs deux matières en constante évolution.

---

[25] L'avant-projet de l'acte uniforme portant sur le droit des contrats n'est jamais entré en vigueur et ne semble plus être d'actualité.

PARTIE PREMIÈRE.

LE DROIT OHADA ET LA RSE : DEUX MATIÈRES EN CONSTANTE ÉVOLUTION

28. L'évolution de la RSE n'a pas été aussi immédiate comme celle de l'OHADA, en effet, depuis sa conceptualisation dans les années 1950, ce n'est qu'entre la fin des années 80 et le début des années 2000 que son évolution a commencé à être perceptible à travers le monde. Quant au droit OHADA, dès sa naissance en 1993, il a émis des signaux positifs qui ont laissé entrevoir que ce droit était prometteur, ce qui a amené les acteurs du monde des affaires ainsi que des auteurs à s'y intéresser davantage. Dès lors, il s'ensuivit une évolution relativement rapide tant sur le plan institutionnel que sur le plan législatif. Toutefois, bien que n'ayant pas eu la même promptitude, les évolutions de ces deux matières connaissent une certaine constance. Outre ce point de similitude entre ces dernières, un autre aspect semble les rapprocher, il s'agit de la raison de leur existence : ces deux matières sont nées en réponse à des crises. Cependant, tandis que l'OHADA est née dans l'objectif de contrer des difficultés de nature économique (**Titre premier**), la RSE quant à elle est apparue en vue de pallier des difficultés de nature non économique[26]. Afin de mieux percevoir en quoi cette dernière permet de contrer des difficultés d'ordre non économique, une analyse de sa notion et de sa pratique dans l'espace géographique africain s'impose (**Titre II**).

---

[26] La RSE ne vise pas principalement des objectifs économiques, elle vise plutôt des objectifs sociaux, sociétaux et environnementaux.

TITRE PREMIER.

LE DROIT OHADA : UN DROIT CONTRE UNE CRISE

29. La crise économique des années 80 a eu des répercussions qui ont été ressenties dans le monde entier. De nombreux États ont durement subi les conséquences de celle-ci. Tous les continents ont été touchés par cette récession du début des années 80. Certes, les pays développés ont principalement été les plus touchés, mais les conséquences de cette récession se sont répandues mondialement au point d'atteindre les pays en voie de développement. En Afrique, plus précisément dans l'espace francophone, une grande majorité des États célébrait leur vingtième anniversaire de l'obtention de leur indépendance. Ces jeunes États avec leur économie fragile se reposant principalement sur l'agriculture ont également été secoués, à un moment où ceux-ci enregistraient une évolution économique considérable. L'autre problème qui préoccupait les dirigeants de ces pays nouvellement indépendants était que les investisseurs se faisaient toujours plus rares. C'est donc dans ce contexte que le droit OHADA est apparu, il pourrait à cet effet être considéré comme un droit d'urgence, car il est né d'un besoin imminent : celui de contrecarrer une crise économique. Le contexte de l'avènement de ce droit mérite que l'on s'y attarde afin de mieux cerner son aspect urgentiste (**Chapitre premier**). Ce qui a d'ailleurs contribué à l'endiguement de cette crise que subissaient ces pays africains (**Chapitre II**).

CHAPITRE PREMIER. LA NAISSANCE DU DROIT OHADA SUR FOND DE CRISE ÉCONOMIQUE

30. Face à la crise économique qui sévissait dans le monde entier en général, et en Afrique en particulier, des mesures devaient être prises. Des réformes économiques valaient certes leur pesant d'or, mais pour plus d'efficacité, ces dernières devaient être accompagnées par des actions sur le plan juridique, plus précisément sur le droit de l'économie. La nécessaire complémentarité existant entre ces deux matières a amené le doyen Ripert à affirmer que : « s'il faut réformer l'économie, les économistes détermineront la voie et les juristes fourniront les moyens »[27]. L'urgence d'une réaction sur le plan juridique (**Section II**) se justifiait donc par cette complémentarité indispensable entre les réformes économiques et les réformes juridiques, qui s'avéraient nécessaires dans un contexte économique particulièrement difficile (**Section première**).

SECTION PREMIÈRE. UN CONTEXTE ÉCONOMIQUE DIFFICILE

31. Les États africains francophones ont savouré l'avènement de leur indépendance, avec l'espoir d'un développement économique qui s'est avéré illusoire (**Paragraphe premier**). Ce, en raison de la survenance d'une crise économique profonde (**Paragraphe II**).

---

[27] Ripert (G.), *Aspects juridiques du capitalisme moderne* », 2ème ed., LGDJ, 2001.

Paragraphe premier. L'illusion d'un développement économique

32. L'ère des indépendances. L'année 1960 a été déterminante pour la majorité des États francophones de l'Afrique subsaharienne. Contrairement à la Guinée qui est devenue indépendante en 1958, ce sont treize anciennes colonies[28] françaises de l'Afrique subsaharienne qui ont obtenu leur indépendance deux années plus tard. Cette accession à l'indépendance de ces États a été possible grâce à l'effort de certaines figures africaines, parmi lesquelles il est possible de citer l'Ivoirien Houphouët-Boigny (F.)[29] et le sénégalais Senghor (L. S.)[30]. Ce nouveau vent de liberté qui soufflait désormais sur ces États était accompagné d'une marée d'espoir, laquelle était alimentée par les opportunités de développement qu'offrait cette possibilité des États à s'autodéterminer.

33. Du miracle au mirage. Affranchis de toute autorité colonialiste, ces nouveaux États pouvaient désormais mener les politiques qui leur semblaient nécessaires pour leur développement. Parmi ces politiques, il y avait celle portant sur les questions économiques. Les premiers rayons de soleil qui ont scintillé sur ces États nouvellement indépendants étaient joyeux. En effet, de nombreux États ont connu un décollage économique assez remarquable après l'obtention de leur indépendance, les politiques économiques qui y étaient menées étaient principalement orientées vers le secteur agricole. À titre

[28] Ont obtenu leur indépendance en 1960 les États suivants : le Cameroun, le Togo, le Mali, le Bénin, le Niger, le Burkina, la Côte d'ivoire, le Tchad, la République centrafricaine (RCA), le République Démocratique du Congo (RDC), le Gabon, le Sénégal et la Mauritanie

[29] Félix Houphouët-Boigny, premier président de la République de Côte d'ivoire

[30] Léopold Sédar Senghor, premier président de la République du Sénégal

d'exemple, la Côte d'Ivoire qui est actuellement le premier pays au monde exportateur de cacao a connu un bond économique impressionnant, cette prospérité portait un nom : le miracle ivoirien. Ce miracle qui a duré de 1960 à 1980 n'a malheureusement pas été épargné par la crise économique mondiale de cette époque. À l'image de la Côte d'Ivoire, la majeure partie des pays de la zone Franc a été affectée par cette crise.

Paragraphe II. La survenance de la crise économique

34. La crise économique mondiale. Dès le début des années 80, plusieurs pays ont connu une récession. Se définissant de façon *stricto sensu* comme une diminution du niveau de production, ce terme est très couramment employé pour exprimer un ralentissement de la croissance du produit intérieur brut (PIB). De nombreux pays développés comme les États-Unis, le Japon ou la France ont été affectés par cette récession économique. La France a vu sa croissance économique ralentir dès 1980, qui a été sa pire année depuis la récession de 1975. L'impact de cette récession est allé au-delà des limites territoriales des États développés. En effet, cette phase de récession a alimenté la crise de la dette qui a frappé les États en voie de développement. Les anciennes colonies françaises avec leur économie fortement basée sur le secteur agricole, et extrêmement dépendante des exportations des matières premières n'ont pas été épargnées. Cette situation de dépendance a permis que les crises observées ailleurs dans le monde se répercutent sur l'économie de ces États.

35. La crise économique en Afrique. Si l'année 1960 a été l'année des grands bonheurs pour les États francophones de l'Afrique subsaharienne, il est impossible d'en dire autant des années 80. L'espoir d'un développement économique était devenu illusoire au sein de ces États. Du miracle économique, la Côte d'Ivoire a par exemple basculé dans une situation économique difficile qui a amené les Ivoiriens à qualifier de mirage ce qui était censé être un miracle. Le Cameroun qui avait une économie attrayante jusqu'au début des années 80 avait opté pour un modèle mixte à dominante agricole. Au milieu des années 80, ce modèle s'est déréglé au point d'entraîner la libéralisation du secteur agricole et un désengagement de l'État. Sur un plan plus général, c'est toute l'Afrique qui a été secouée par cette crise économique profonde. La banque mondiale s'exprimant sur l'impact de cette crise sur le continent africain a reconnu que : « après une période initiale de croissance (des années 60), la plupart des pays africains ont connu des difficultés économiques suivies d'un déclin (...). Les Africains sont aujourd'hui plus pauvres qu'il y a trente ans »[31].

36. Les investissements en recul. Parallèlement à cette crise économique, les investissements au sein des États francophones de l'Afrique subsaharienne étaient en déclin. Cette baisse des investissements est venue accentuer les difficultés déjà énormes que devaient gérer ces pays. Un diagnostic a alors été amorcé. Les résultats de celui-ci ont relevé l'existence de plusieurs causes, s'exprimant sur celles-ci, Kirsch (M.) a résumé l'essentiel en écrivant que : « le constat unanime de la situation pouvait se résumer par la formule suivante : insécurité juridique et judiciaire »[32]. Les causes ainsi connues, une réaction urgente en vue d'aboutir à un regain du taux des investissements s'est avérée indispensable.

---

[31] In. « *L'Afrique subsaharienne. De la crise à une croissance durable* », Banque mondiale, 1989, p.1

[32] Kirsch (M.), *Historique de l'OHADA,* Revue Penant, 1998, p. 129.

SECTION II. L'URGENCE D'UNE INTERVENTION SUR LE PLAN JURIDICO-JUDICIAIRE

37. La baisse du taux des investissements au sein des pays francophones de l'Afrique subsaharienne trouvait l'une de ses causes dans l'insécurité juridique et judiciaire qui y régnait (**Paragraphe premier**). Face à cette difficulté, les dirigeants des États concernés devaient impérativement réagir (**Paragraphe II**).

Paragraphe premier. L'insécurité juridico-judiciaire des pays de la zone Franc

38. Des insuffisances juridiques... Le ralentissement du développement économique, la récession et le recul du niveau des investissements sont autant de raisons qui ont motivé les dirigeants des États précurseurs de l'OHADA à réagir. Au lendemain de leur indépendance, certains États de la zone Franc ont continué d'appliquer le droit hérité de l'ancienne colonie. À l'époque coloniale, le droit applicable au régime général des sociétés était le Code civil français de 1804, les lois françaises du 24 juillet 1867 régissaient les sociétés à responsabilité limitée (SARL), et les lois du 7 mars 1925 réglementaient les sociétés anonymes (SA). Ces différentes lois étaient souvent accompagnées d'autres textes élaborés par le colonisateur en vue d'apporter un complément, une adaptation ou une précision à la réglementation existante. Ce droit qui au fil du temps s'est avéré inadapté au contexte social et économique de ces États a très rapidement montré ses limites.

39. ...due à la balkanisation et l'inadaptabilité des règles Ces États ont contribué à la complexification de l'environnement juridique en faisant adopter des lois dans des domaines qu'ils jugeaient prioritaires. Ces lois ont renforcé la *balkanisation* juridique en Afrique francophone. D'un État à un autre, il était donné d'observer une réglementation différente portant sur un même domaine. À cet effet, le juge M'Baye (K.) à l'occasion d'un séminaire sur l'OHADA organisé à Abidjan les 19 et 20 avril 1993 avait fait remarquer que : « le droit se présente dans les quatorze pays de la zone Franc en habit d'arlequin fait de pièces et de morceaux. Outre cette diversité des textes, l'on note également leur inadaptation au contexte économique actuel ». En effet, concernant le dernier point évoqué par le juge M'Baye (K.), il apparaissait que l'adoption de nouveaux textes par les États de l'Afrique francophone suivait les évolutions en cours en France, ce qui avait pour conséquence de les rendre inadaptés aux réalités africaines. Cette inadaptation avait pour explication le fait que les réalités socio-économiques françaises étaient différentes de celles des États de la zone Franc.

40. ...due à l'imprévisibilité et au chevauchement des règles. Les règles censées régir les relations d'affaires dans cette partie de l'Afrique étaient vétustes, c'étaient des règles très anciennes qui s'appliquaient à ces relations dans un environnement économique qui avait connu une évolution considérable. En plus de cette vétusté, ces règles étaient disparates. Ces incohérences règlementaires ont donné naissance à une insécurité juridique qui alimentait la réticence des investisseurs nationaux et étrangers. Cette insécurité juridique se manifestait par le fait que les règles en vigueur étaient imprévisibles, c'est-à-dire incertaines et difficilement appréhendables. En effet, le droit commun régissant les activités économiques était émietté. Aussi, existait-il un chevauchement juridique au sein de certains États, se matérialisant par le fait que des textes étaient promulgués sans que les textes antérieurs réglementant le même domaine soient abrogés. Toutes ces imperfections juridiques constituaient un handicap pour les investissements dans la zone Franc. Outre ces difficultés juridiques, il existait parallèlement des difficultés judiciaires.

41. Les difficultés judiciaires. Ces difficultés avaient pour cause principale le manque de personnel judiciaire. De plus, le personnel disponible n'était pas suffisamment qualifié, leur formation en matière de droit économique ne leur permettait pas d'être à la hauteur des attentes des justiciables en général, et plus spécifiquement des investisseurs. Aussi, était-il donné d'établir un constat révélant une lenteur judiciaire, ainsi que des problèmes de déontologie. À ce propos, le juge M'Baye (K.) a affirmé que l'insécurité judiciaire était notamment due : « à la formation insuffisamment spécialisée des magistrats, à l'absence de formation continue, à des questions de déontologie, à l'indigence de l'information juridique, à la totale insuffisance des moyens mis à la disposition des services judiciaires et à bien d'autres causes… ». Une autre difficulté détectée était le fait que les dirigeants de certains pays africains exerçaient une forte influence sur les décisions de justice. De ce fait, les chances de voir ces dirigeants ou leurs proches être sanctionnés par la justice étaient minimes. Toutes ces tares évoquées au niveau judiciaire avaient un impact négatif sur les décisions de justice, elles lui conféraient un caractère imprévisible qui ne permettait pas de rassurer les investisseurs. Il était donc important de réagir avec efficacité pour traiter ces maux aussi bien juridiques que judiciaires.

Paragraphe II. La réaction des États

42. L'idée d'une harmonisation du droit. Face à ces imperfections dues - entre autres - à cette *balkanisation* juridique, ainsi qu'à l'inefficacité des services judiciaires des pays africains de la zone Franc, les dirigeants de ces États ne pouvaient plus se permettre de rester inactifs. Une réaction s'imposait. Dès 1991, les ministres des finances des gouvernements de ces États se sont réunis à Ouagadougou en avril, puis à Paris[33] en septembre. La réunion de Paris a permis de créer une mission conduite par le juge M'Baye (K.) composée de sept juristes d'affaires, dont le rôle a consisté à apporter une solution aux différents maux préalablement identifiés. L'idée d'une harmonisation du droit a été émise lors de ces réunions, puis réaffirmée lors du séminaire d'Abidjan sur l'OHADA par le juge M'Baye (K.) en ces termes : « tout le monde est d'accord sur la nécessité de procéder à une harmonisation ».

43. Les précédentes tentatives d'harmonisation. Il importe de rappeler qu'il y a eu, par le passé, des tentatives d'harmonisation juridique en Afrique qui n'ont pas abouti. En effet, dès 1963, le professeur David (R.)[34] a émis pour la première fois l'idée d'harmoniser les droits africains. Cependant, ce professeur n'ayant pas donné de suite à cette idée, celle-ci a été reprise par d'autres juristes. Ces derniers ont apporté à cette idée d'harmonisation une forme achevée au sein de l'Union africaine et mauricienne (UAM), et de la Convention de l'Organisation commune africaine et malgache (OCAM). L'article 2 de la coopération générale en matière judiciaire applicable aux États de l'OCAM, prévoyait dans ses dispositions,

---

[33] En France

[34] René David, Enseignant à la Faculté de Droit de l'Université Panthéon-Sorbonne (1928)

l'harmonisation des législations commerciales entre ces États. Par ailleurs, le Bureau africain et malgache de recherches et d'études législatives (BAMREL) avait été créé en 1975 avec pour objectif de faciliter les conditions de mise en œuvre de cette harmonisation. Ce projet n'a malheureusement pas tenu longtemps en raison de la situation critique qu'ont connue l'OCAM et le BAMREL. Ces deux structures n'ont pas bénéficié du crédit nécessaire à même de leur garantir une survie.

44. L'approbation du projet d'harmonisation. Les travaux de la mission ont débuté par la réalisation d'un état des lieux de la situation juridique de chaque pays de la zone Franc. Pour ce faire, ces pays ont reçu la visite d'experts. Aux sorties de ces différentes visites, un rapport a été dressé. Celui-ci fut présenté aux ministres des finances au cours de leur réunion du 17 septembre 1992. Les 5 et 6 octobre de la même année, lors de la rencontre des chefs d'État de la zone Franc à Libreville, le Président Diouf (A.)[35] a présenté ce rapport à l'ensemble des chefs d'État. À l'unanimité, ce projet d'harmonisation du droit des affaires a été approuvé par les chefs d'État de la zone Franc. Mieux, ils ont exprimé leur volonté de voir ce projet être mis en œuvre le plus rapidement possible, tout en incitant les ministres des finances et de la justice à en faire leur priorité. Le changement majeur à souligner après l'approbation des chefs d'État est l'extension de ce projet. Ce projet d'harmonisation du droit des affaires initialement conçu uniquement en faveur des pays de la zone Franc, sera étendu à toute l'Afrique comme l'ont souhaité ces chefs d'État. La réalisation concrète de ce projet devait se faire par l'adoption d'un Traité. Un directoire composé de trois personnes[36] a alors été désigné

[35] Président du Sénégal de 1981 à 2000

[36] Directoire présidé par le juge Kéba M'Baye, accompagné de Martin Kirsch, conseiller honoraire à la Cour de cassation française et avocat

pour assurer la coordination et la préparation du Traité portant création de l'OHADA.

45. L'adoption du Traité instituant l'OHADA. Ce projet de Traité a été présenté aux ministres des finances qui s'étaient réunis à Libreville les 7 et 8 juillet 1993, il y a été adopté après quelques modifications destinées à l'enrichir. Les 21 et 22 septembre 1993, le projet fut finalisé à Abidjan lors d'une réunion des ministres de la justice, et d'une autre réunion conjointe des ministres des finances et ceux de la justice, précédée d'un rapport d'experts. Le 17 octobre 1993, à l'occasion d'une conférence des pays francophones à Port-Louis, il fut présenté aux dirigeants des États Parties au Traité présents à cet événement. Le Traité a finalement été signé par quatorze États, qui seront rejoints par trois autres les années suivantes, ce qui va porter à dix- sept[37] le nombre actuel des États membres de l'OHADA. Ce nombre est susceptible d'augmenter au regard de l'intérêt qu'ont pu manifester certains États[38] quant à leur volonté d'adhérer à l'OHADA.

46. L'OHADA : un droit inspirant. Plus d'un quart de siècle après son adoption, l'OHADA affiche un bilan positif. Cette organisation d'intégration juridique, bien qu'elle soit relativement récente, est la plus importante qui existe en Afrique. La fébrilité dont elle a fait montre

---

au barreau de Paris, et de Michel Gentot, président de la section du contentieux au conseil d'État français

[37] Primo signataires : Bénin, Burkina Faso, Centrafrique, Comores, Congo (Brazzaville), Côte d'ivoire, Gabon, Guinée équatoriale, Mali, Niger, Sénégal, Tchad, Togo

Nouveaux adhérents : Guinée (Conakry), Guinée-Bissau et la République Démocratique du Congo

[38] Le Burundi et le Maroc ont montré un intérêt à vouloir intégrer l'OHADA.

durant les premières années de sa naissance a été efficacement corrigée par les réformes dont elle a bénéficié. Le droit OHADA, malgré les résultats positifs qu'il affiche ne cesse d'être sous le feu des critiques de certains auteurs. Cependant, malgré ces reproches qui ont souvent l'allure d'une diatribe, il continue d'inspirer. À titre d'exemple, il y a en ce moment en Europe un projet d'uniformisation du droit des affaires, qui se matérialisera en cas d'aboutissement, par l'élaboration d'un code européen des affaires. Plus loin et plus flagrant, il y a en Amérique un projet d'adoption d'un texte d'harmonisation du droit des affaires dans les Caraïbes, il s'agit de l'Organisation pour l'harmonisation du droit des affaires dans les Caraïbes (OHADAC). Le droit OHADA a réussi à se frayer son chemin dans l'univers juridique des affaires. Au-delà de faire ses preuves, ce droit inspire, et cette notoriété dont il jouit se justifie par l'impact positif qu'il a pu avoir sur l'environnement des affaires dans son espace. Il a en effet contribué à l'endiguement de la crise économique au sein de ses États membres.

CHAPITRE II. LES CONTRIBUTIONS DU DROIT OHADA À L'ENDIGUEMENT DE LA CRISE

47. La volonté politique des gouvernants de la zone Franc d'apporter une réaction juridico-judiciaire à cette crise économique a donné naissance au droit OHADA. Le moins qu'il soit permis d'affirmer est que le pari a été gagnant, le droit OHADA a fortement contribué à l'endiguement de la crise économique au sein de ses États membres comme en témoignent les avancées constatées au plan juridico-judiciaire (**Section première**). Par ailleurs, les évolutions constatées au niveau économique confirment également le rôle joué par l'OHADA dans la résolution de cette crise, au point qu'il est désormais possible de se projeter vers de nouvelles perspectives (**Section II**).

SECTION PREMIÈRE. LES AVANCÉES SUR LE PLAN JURIDICO-JUDICIAIRE

48. Les avancées sur le plan juridique et judiciaire apportées par l'OHADA ont été possibles grâce aux actes uniformes (**Paragraphe premier**) qui ont permis que l'harmonisation tant souhaitée soit concrétisée. Par ailleurs, certaines institutions de l'OHADA ont contribué de manière significative à cette avancée (**Paragraphe II**).

Paragraphe premier. Les contributions des actes uniformes

49. L'harmonisation par le biais des actes uniformes. La principale avancée juridique est l'adoption du Traité portant création de l'OHADA, qui a permis de réaliser l'harmonisation du droit des affaires au sein de ses États membres. Cette harmonisation était une nécessité dans le sens où elle a permis de pallier cette dispersion de normes juridiques constatée au sein des pays africains. Le retour des investisseurs était quasiment conditionné par ce facteur, et le juge M'Baye (K.) a rappelé cette idée en affirmant que : « beaucoup d'investissements ne sont concevables que sur un plan interétatique ». Concrètement, cette harmonisation s'est matérialisée par l'adoption d'actes uniformes qui ont vocation à s'appliquer directement et obligatoirement[39] au sein de tous les États membres de l'OHADA. Les actes uniformes de l'OHADA bénéficient d'une primauté sur les textes nationaux qui réglementent les mêmes domaines qu'eux. Cette caractéristique des actes uniformes témoigne de la ferme volonté du législateur OHADA d'en finir avec cet émiettement du droit des affaires dans l'espace OHADA. En effet, les dispositions du droit interne de chaque pays qui seront contraires aux actes uniformes ne pourront plus s'appliquer. Cette primauté des actes uniformes limite considérablement le risque d'observer des lois différentes d'un État à un autre réglementant un même domaine, elle constitue un gage de sécurité juridique pour les investisseurs.

50. Les apports de l'AUDCG, l'AUPSRVE et l'AUPCAP. L'AUDCG réglemente le statut du commerçant et de l'entreprenant, le bail à usage professionnel, le fonds de commerce, le RCCM, la vente commerciale et le statut des intermédiaires de commerce que sont les courtiers, les commissionnaires et les agents de commerce. L'AUPSRVE offre aux créanciers deux mécanismes permettant de faciliter le recouvrement de leur créance, ce sont : la demande d'injonction de payer et

---

[39] Traité de l'OHADA, art. 10

la procédure tendant à la délivrance ou à la restitution d'un bien meuble déterminé. Il prévoit les conditions dans lesquelles le créancier muni d'un titre exécutoire peut obtenir des mesures conservatoires pour la sauvegarde de ses droits, ainsi que des moyens de contrainte dont il pourrait bénéficier contre le débiteur défaillant. L'AUPCAP a pour but de réglementer les procédures préventives que sont la conciliation et le règlement préventif, ainsi que les procédures curatives que sont le redressement judiciaire et la liquidation des biens. Il définit également les sanctions patrimoniales et professionnelles, ainsi que les incriminations pénales applicables en la matière.

51. Les apports de l'AUCTMR, l'AUS, l'AUSCOOP et l'AUSCGIE. L'AUCTMR a vocation à s'appliquer à tout contrat de transport de marchandises par route lorsque, le lieu de prise en charge de la marchandise et le lieu prévu pour sa livraison comme indiqué au contrat, sont situés soit sur le territoire d'un État membre de l'OHADA, soit sur deux territoires de deux États différents dont l'un est membre de l'OHADA. Il règle la conclusion, l'exécution, la responsabilité et le contentieux découlant du transport. Toutefois, cet acte uniforme ne s'applique pas aux transports de marchandises dangereuses, de transports funéraires, de transports de déménagement ou de transports effectués en vertu des conventions postales internationales. L'AUS règle les questions de modalités de formation, de réalisation et d'extinction des sûretés personnelles, mobilières et immobilières. Cet acte uniforme établit également l'agent de sûreté dont le rôle est primordial dans les opérations de financements structurés. L'AUSCOOP s'applique à toute société coopérative, toute union ou fédération de sociétés coopératives dont le siège se situe sur le territoire de l'un des États membres de l'OHADA. L'AUSCGIE a sous son emprise tout groupement d'intérêt général. Il régit également toutes les sociétés commerciales y compris celles dont un État ou une personne morale de droit public intervient en tant qu'associé, la condition étant que leur siège soit situé sur le territoire de l'un des États membres de l'OHADA.

52. Les apports de l'AUDCIF, de l'AUA et de l'AUM. L'AUDCIF instaure le système comptable OHADA (SYSCOHADA) révisé, il s'applique à toutes les entités réglementées par l'AUDCG, l'AUSCGIE, l'AUSCOOP. Il s'applique également aux entités publiques, parapubliques, d'économie mixte, etc. L'AUA s'applique à tout arbitrage dès lors que le siège du tribunal arbitral est situé sur le territoire de l'un des États membres de l'OHADA. Cet acte uniforme distingue clairement l'arbitrage *ad hoc* de l'arbitrage institutionnel qui relève du centre d'arbitrage de la CCJA. L'AUA vise à promouvoir l'arbitrage comme mode de règlement de différends contractuels tel que souhaité par les États membres de l'OHADA. Il y a enfin le dernier-né des actes uniformes, celui portant sur la médiation (AUM) qui vient combler un vide législatif en complétant l'AUA dans la réglementation des modes alternatifs de règlement des litiges en droit OHADA. Les contributions des actes uniformes dans l'amélioration de la situation économique des États membres de l'OHADA ont été possibles grâce à la création et à l'efficacité des institutions de cette organisation telles que la CCJA et l'ERSUMA.

Paragraphe II. Les contributions de la CCJA et de l'ERSUMA

53. L'apport de la CCJA. Les actes uniformes ayant été adoptés, il fallait songer à garantir leur application de façon similaire et uniforme au sein des États parties de l'OHADA. Pour ce faire, cette organisation s'est dotée d'une institution juridictionnelle ayant pour mission de garantir une cohérence dans l'interprétation et l'application des actes uniformes dans tout l'espace OHADA. Installée depuis 1998, ce n'est qu'en 2001 que la CCJA a rendu ses premières décisions. La CCJA représente en effet le dernier niveau de juridiction, pour toutes les affaires portant sur les matières réglementées par les actes uniformes. Concrètement, en cas de litige portant sur une affaire réglementée par l'OHADA, les parties doivent saisir au préalable les juridictions nationales, c'est-à-dire le tribunal compétent puis la Cour d'appel en cas de contestation du jugement prononcé. Une fois l'arrêt rendu par la Cour d'appel, plutôt que de former un pourvoi à l'endroit des juridictions nationales de troisième degré, les parties contestataires doivent plutôt se tourner vers la CCJA, seule juridiction compétente pour connaître de ces pourvois.

54. L'applicabilité directe des décisions de la CCJA. Une fois saisie, la CCJA rend une décision qui a vocation à s'appliquer aux parties au sein des États membres. Le caractère directement applicable des décisions rendues par la CCJA la distingue des juridictions nationales de troisième degré, ou d'autres juridictions internationales à l'image de la Cour de justice de l'union européenne (CJUE) qui procèdent par renvoi. Procéder par renvoi ne garantirait pas la cohérence et l'application uniforme des textes de l'OHADA au sein de ses États membres. En effet, opter pour ce mécanisme aurait été une brèche laissée aux juridictions nationales d'interpréter les textes d'une manière différente d'un État à un autre. L'autre inconvénient aurait été qu'il rallongerait la durée des procédures judiciaires en cours, alors que l'objectif affiché en plus de la réduction du coût de ces procédures était d'aboutir à une célérité quant à leur dénouement.

55. Les autres attributs de la CCJA. La CCJA au-delà de trancher des litiges détient la compétence de produire des avis sur l'interprétation et l'application communes du Traité, des règlements pris pour son application et des actes uniformes. Elle intervient également en matière d'arbitrage. Toutefois, cela ne fait pas d'elle une Cour arbitrale. Elle est dotée d'un centre d'arbitrage dont la mission est d'intervenir sur les questions arbitrales. Composée de treize juges répartis au sein de trois chambres, la CCJA dont le siège se trouve à Abidjan représente l'un des organes les plus actifs de l'organisation. C'est ce qui ressort des propos de son ancien président, le juge Ondo- Mve (C. A.), qui lors d'une conférence[40] organisée à Bordeaux, a affirmé que : « depuis un certain temps, le taux de saisine de la CCJA s'est considérablement accru. Ces cinq dernières années, la Cour rend une moyenne de trois cents à trois cent vingt arrêts par an, ce nombre ne prend pas en compte les avis consultatifs et les ordonnances ».

56. Les missions de formation et de promotion de l'ERSUMA. L'ERSUMA est un organe qui joue un rôle important dans l'évolution juridico-judiciaire dans la zone OHADA. Basée à Porto-Novo[41], les missions de cette institution sont définies à l'alinéa 4 de l'article 4 du statut la réglementant. L'ERSUMA a en effet pour mission d'assurer la formation des magistrats, des auxiliaires et des fonctionnaires de justice des États membres de l'OHADA. Elle a vocation à initier, développer et promouvoir le droit africain. Au regard de cette mission de formation dont est

[40] Conférence organisée à l'Université de Bordeaux le 20 novembre 2019 par l'Institut bordelais de droit OHADA (IBO).

[41] Au Bénin

dotée l'ERSUMA, elle se présente comme la solution destinée à pallier le manque de qualification du personnel judiciaire qui avait été diagnostiqué[42] au sein des États de la zone Franc.

57. Les autres attributs de l'ERSUMA. L'ERSUMA a également pour rôle d'œuvrer en collaboration avec la CCJA et les hautes juridictions des États membres, à une harmonisation de la jurisprudence et du droit dans toutes les matières relevant du Traité principalement. Elle peut par ailleurs accomplir toutes les missions qui pourraient lui être assignées par le Conseil des ministres de l'OHADA ou le Conseil d'administration, la seule condition étant que ces missions soient conformes à ce que prévoit le statut qui la réglemente. De plus, ses statuts[43] prévoient ouvertement que la finalité première de l'ERSUMA est d'œuvrer dans le sens de l'amélioration de l'environnement juridique dans l'ensemble de l'espace OHADA. Des solutions ayant été trouvées pour contrer l'insécurité juridique et judiciaire qui minait l'environnement des affaires dans l'espace OHADA, une mise en application sérieuse de celles-ci devrait raisonnablement aboutir à des avancées sur le plan économique, et laisser entrevoir de nouvelles perspectives.

SECTION II. LES AVANCÉES SUR LE PLAN ÉCONOMIQUE ET LES PERSPECTIVES

58. Hormis les réactions de satisfaction internes à l'organisation, de nombreux rapports confirment les avancées économiques (**Paragraphe premier**) impulsées

---

[42] Cf. Supra n° 41

[43] Statuts de l'ERSUMA, art. 4 al. 1

par l'OHADA. Ces dernières devraient être une source d'ouverture de l'organisation à de nouvelles perspectives. À cet effet, il faudrait songer à une future collaboration entre l'OHADA et la ZLECAf (**paragraphe II**).

Paragraphe premier. Les avancées économiques

59. Une évolution reconnue en interne. Lors du vingtenaire de l'OHADA à Ouagadougou en 2013, la Conférence des chefs d'État et de gouvernement a fait remarquer à travers des indices, la croissance économique des États membres rendue possible grâce à l'OHADA. Parmi ces indices, il a été relevé par exemple une augmentation des investissements étrangers au sein de l'espace OHADA. L'ancien Secrétaire permanent, le professeur Sossa (C. D.) lors d'une *interview* livrée à une presse en ligne a rappelé que : « s'il existe un renouveau économique en Afrique, l'OHADA y a beaucoup contribué[44] », il poursuit en affirmant que : « dans certains pays, la croissance était peu importante et elle a avancé de façon considérable[45] ». Il saluait cette avancée économique des États membres en tant que Secrétaire permanent de l'organisation à l'époque. Ce mérite attribué à l'OHADA n'est pas reconnu qu'en interne, des rapports externes à l'organisation en font écho.

---

[44] Sossa (C. D.) : « *S'il existe aujourd'hui un renouveau économique en Afrique, L'OHADA y a beaucoup contribué !* », Décideurs Magazine, 28 mai 2015, [en ligne], (dernière consultation le 17 mai 2021) https://www.magazine-decideurs.com/news/dorothe-cossi-sossa-ohada-s-il-existe-aujourd-hui-un-renouveau-economique-en-afrique-l-ohada-y-a-beaucoup-contribue

[45] *Ibid.*

60. Le rapport *DB* de 2018 de la Banque mondiale. Plusieurs rapports de la Banque mondiale font état de ce progrès économique. Le rapport *DB* 2018[46] qui a choisi de se focaliser sur l'impact de la réforme de quatre actes uniformes révèle une amélioration au niveau de l'activité économique dans l'espace OHADA. La réforme portant sur l'AUS a contribué à une véritable amélioration en ce qui concerne l'accès au crédit. Quant à l'AUSCGIE, sa réforme a permis de faire croître le taux d'enregistrement de plusieurs nouvelles entreprises de diverses formes, mais principalement les SARL. Cette croissance est due à la simplification de la procédure de la création des entreprises. Concernant le secteur du marché financier, ce même acte uniforme rend désormais possibles les financements par capitaux propres qui s'imposent aujourd'hui comme une alternative aux finances bancaires, se positionnant ainsi comme une véritable concurrence à la banque.

61. Les rapports *DB* de la Banque mondiale de 2017 et 2019. Le rapport *DB* de 2017 a prouvé que les modes alternatifs de règlement de conflits ont un apport positif sur l'économie des États qui les mettent en pratique. Quant au rapport *DB* de 2019, il s'est penché sur la place des pays africains dans le classement mondial des pays ayant réalisé le maximum d'efforts en faveur de l'amélioration du climat d'affaires. Ce rapport affirme que cinq pays africains font partie du top dix de ce classement, en précisant toutefois que la Côte d'Ivoire[47] se présente comme l'un des pays ayant réalisé le bond le plus spectaculaire. Avec un tel bilan, le droit OHADA

---

[46] Cf. supra n°22

[47] La Côte d'Ivoire qui occupait la 145ème place en 2015 est passée à la 122ème en 2019, elle fait partie du top 10 des pays les plus réformateurs au monde.

gagnerait à s'ouvrir à d'autres perspectives, il doit en effet songer à relever de nouveaux défis.

Paragraphe II. L'OHADA vers une collaboration avec la ZLECAf ?

62. Une collaboration nécessaire. La crise de la Covid-19 a certes retardé l'entrée en vigueur de la ZLECAf, mais elle ne l'a pas empêchée. Prévue pour le 1er juillet 2020, c'est finalement le 1er janvier 2021 que cette entrée en vigueur a officiellement eu lieu. Sur les cinquante-cinq États que compte le continent africain, seule l'Érythrée n'a pas signé l'accord. La ZLECAf a pour but de renforcer les échanges interafricains par la suppression des droits de douane entre les États africains. Ce projet qui intégrera 1,2 milliard d'habitants sur un marché commun, pour un PIB cumulé qui s'élève à environ 2,7 milliards d'euros, doit être doté d'une législation en droit des affaires. Un marché commun si vaste avec des législations non harmonisées pourrait compromettre la bonne marche du projet. En effet, le secteur économique se doit de se faire accompagner par le secteur juridique pour une intégration réussie en pareille circonstance. L'OHADA qui a su faire ses preuves au point d'être une source d'inspiration sur d'autres continents, s'avère être l'organisation qui pourrait mieux accompagner ce projet sous son volet juridique. Il n'existe aucune autre organisation juridico-judiciaire de la trempe de l'OHADA sur le continent africain vers laquelle la ZLECAf pourrait se diriger pour répondre à la nécessité d'une législation uniforme. Seule l'OHADA a réussi une intégration juridique d'une si grande ampleur en Afrique. De ce fait, le seul outil en droit *prêt à l'emploi* qui pourrait servir de socle juridique à la ZLECAf est l'OHADA, il est donc nécessaire que les acteurs de ce projet associent cette organisation à celui-ci.

63. Une volonté de collaborer exprimée par l'OHADA. L'actuel Secrétaire permanent de l'OHADA a manifesté son souhait de voir l'OHADA être l'appui juridique de la ZLECAf en ces termes : « si la libéralisation préférentielle n'était pas confortée par une législation de l'activité économique bien conçue et appliquée par les entreprises du continent, la mondialisation du commerce n'aurait pas lieu. Or, qui d'autre que l'OHADA peut se vanter de ces compétences ? (...) Il est primordial que la ZLECAf s'appuie sur l'harmonisation du droit des affaires que garantit l'OHADA pour remplir son objectif de libre-échange continental »[48]. Ce vœu exprimé par le Secrétaire permanent de l'OHADA se justifie parfaitement au regard des preuves que l'OHADA a déjà faites en moins de trente années d'existence. En outre, lors de la cinquantième session du Conseil des ministres de l'OHADA qui s'est tenue à Bamako, cet organe a tenu à encourager le Secrétaire permanent à créer et développer un cadre de collaboration avec la ZLECAf. Toutefois, dans le souci de se donner le maximum d'arguments pour soutenir cette perspective de collaboration, l'OHADA doit dès à présent s'intéresser à la notion de la RSE, dont la pratique en Afrique ne cesse de progresser.

---

[48] Darankoum (E. S.), « *De la prise en compte de l'OHADA dans la construction de la ZLECAf* », site internet de l'OHADA, 06 décembre 2019, [en ligne], (dernière consultation le 13 mai 2019), https://www.ohada.org/le-secretaire-permanent-de-l-ohada-appelle-a-la-creation-d-une-zone-ohada-zlecaf/

TITRE II.

LA NOTION DE LA RSE ET SA RÉALITÉ EN AFRIQUE

64. La course effrénée vers le profit conduit les entreprises à mépriser certaines valeurs essentielles. Aveuglées par leurs ambitions économiques, ces dernières se montrent toujours plus irresponsables dans l'exercice de leurs activités, ce qui n'est malheureusement pas sans conséquence. Face à cette situation, la mollesse des actions étatiques a fait réagir les organisations internationales[49] qui appellent les entreprises à plus de responsabilités dans leurs actions. Elles proposent à ces entreprises de s'approprier la RSE qui est un concept dont les prémices datent de plusieurs siècles, mais qui a connu son essor dans l'univers de la recherche au milieu du XXe siècle. Originellement développée en Amérique du nord, la RSE a considérablement évolué (**Chapitre premier**) au point de faire son introduction en Europe dans les années 2000, avant de poursuivre sa progression sur le continent africain (**Chapitre II**).

---

[49] Dans les années 1980, les ONG ont proposé des études universitaires afin que soient mesurés les impacts environnementaux de l'activité des entreprises, ce qui contribuerait à l'identification de leur degré de responsabilité.

CHAPITRE PREMIER. L'ÉVOLUTION ET LE CONTENU DU CONCEPT RSE

65. L'essor de la RSE est si récent qu'il est aisé de croire que c'est un concept qui est né il y a seulement quelques années. Pourtant en observant son historique, le constat qui s'établit est que la RSE est un concept qui est relativement vieux. En outre, il y a des pratiques très anciennes qui s'apparentent à ce qu'est la RSE aujourd'hui. C'est à la moitié du XXe siècle que ce concept a commencé à avoir sa configuration actuelle, celle-ci étant le fruit d'un processus qui a connu son point de départ de nombreuses années en arrière, avant d'aboutir à sa forme actuelle (**Section première**). Pour mieux appréhender ses tenants et ses aboutissants, l'analyse de son contenu (**Section II**) s'avère nécessaire.

SECTION PREMIÈRE. LA RSE D'HIER À AUJOURD'HUI

66. La RSE a commencé à faire l'objet de plusieurs recherches qu'à partir des années 50 (**Paragraphe premier**), jusqu'à ce qu'elle commence à être institutionnalisée (**Paragraphe II**) à partir du milieu des années 80.

Paragraphe premier. La conceptualisation de la RSE

67. Avant 1950. Bien que n'étant pas conceptualisée telle qu'elle se présente actuellement, les premiers signes de la RSE étaient perceptibles dans des pratiques qui datent de plusieurs siècles, voire des millénaires. Dans de très anciennes civilisations[50], à l'instar de la civilisation grecque, les activités étaient parfaitement encadrées de sorte que les acteurs du monde économique ne pouvaient pas tout se permettre dans le cadre de l'exercice de leurs activités. Par ailleurs, dès leur avènement, plusieurs religions ont fait de certaines pratiques théologales proches de la philanthropie[51] des exigences. Dans le catholicisme, la charité est la vertu théologale la plus importante selon le chapitre XIII de la *Première épître aux Corinthiens*, ce chapitre présente la charité comme une vertu supérieure à toutes[52] les vertus théologales. La religion musulmane à travers son troisième pilier qu'est le *zakat* promeut une forme de philanthropie basée sur des croyances religieuses. En effet, le *zakat* se définit comme une aumône légale[53] versée annuellement à des personnes besogneuses, en vue de l'expiation des péchés des croyants donateurs. En outre, la forte industrialisation a suscité chez les dirigeants d'entreprises une prise de conscience, qui à son tour a donné naissance au paternalisme industriel. Principalement fondé sur l'éthique, ce paternalisme se manifestait par des initiatives d'ordre philanthropique fortement influencé par des exigences religieuses. Cet engagement philanthropique a été essentiellement développé par Carnegie (A.) dans son œuvre intitulée *Richesse* parue en 1889, dans laquelle il affirmait qu'un *businessman* qui connaît du succès doit se percevoir comme le mandataire de l'intérêt social.

---

[50] Lépineux (Fr.), Rosé (J. J.), Bonanni (C.) et Hudson (S.), *La RSE La responsabilité sociale des entreprises, Théories et pratiques*, 2ème éd., Dunod, 2016, p.11

[51] La philanthropie mise en œuvre par les entreprises est considérée comme une démarche RSE tendant à moraliser l'économie.

[52] Il existe trois vertus théologales dans le Catholicisme que sont : la charité, la foi et l'espérance.

[53] Cette obligation légale est ce qui distingue le *zakat* de la *sadaqa* qui désigne est un don spontané.

68. De 1950 à 1984. La conceptualisation de la RSE s'est faite en 1950 par les auteurs de l'Amérique du nord. Cependant, c'est en 1953 que la RSE va véritablement éclore grâce à Bowen (H. R.) qui dans son livre intitulé *Responsibilities of the Businessman* va, pour la toute première fois, évoquer le terme *Corporate Social Responsibility (CSR)*[54]. Cet ouvrage qui est considéré par certains auteurs comme : « le fruit d'une commande institutionnelle des églises protestantes américaines[55] » demeure toutefois une référence en ce sens où il définit les contenus incontournables de la RSE que sont notamment la protection de l'environnement, la participation des salariés au capital ou la préservation des droits humains. En 1970, Friedman (M.) a quant à lui fait émerger une vision qui a chamboulé la conception de la RSE. Selon lui, ce concept n'est destiné qu'à permettre aux entreprises d'augmenter leur profit. Friedman (M.) est en effet le concepteur de la *shareholder theory* qui défend la thèse selon laquelle l'entreprise n'a pas de responsabilité sociale vis-à-vis du public, les seules personnes envers lesquelles l'entreprise a une responsabilité sont les actionnaires. Freeman va développer en 1984, une autre vision allant à contresens de celle de Friedman (M.). Il a dégagé des idées regroupées dans sa *stakeholder theory* selon lesquelles l'entreprise n'a pas une responsabilité qu'à l'endroit des actionnaires, mais également vis-à-vis de toutes les parties prenantes.

---

[54] Expression anglaise désignant la responsabilité sociétale des entreprises.
[55] Lépineux (Fr.), Rosé (J. J.), Bonanni (C.) et Hudson (S.), *op. cit.*, p.31.

Paragraphe II. L'institutionnalisation de la RSE

69. Les organismes mondiaux et la RSE. Poursuivant son évolution, les prémices de l'institutionnalisation de la RSE sont apparues dès 1987 avec le rapport de Brundtland des Nations unies dont l'axe principal était le développement durable. En outre, la deuxième édition du sommet de la Terre de 1992 a abouti à la Convention de Rio, cette dernière avait pour objectif de s'attaquer à la pauvreté et aux exclusions sociales. Elle s'engageait également à la préservation de l'environnement, ainsi qu'à la production de biens et services durables. L'an 2000 a été l'année de la création du Pacte mondial initié par les Nations unies en vue d'inciter les entreprises du monde entier à plus de responsabilités.

70. La définition européenne de la RSE. La Commission européenne s'est penchée sur la RSE en lui apportant une première définition en 2001, puis une seconde en 2011. Préalablement perçue par la Commission européenne comme : « l'intégration volontaire, par les entreprises, de préoccupations sociales et environnementales à leurs activités commerciales et leurs relations avec leurs parties prenantes », la RSE s'entend aujourd'hui, toujours selon elle, comme : « la responsabilité des entreprises vis-à-vis des effets qu'elles exercent sur la société ». Le changement majeur constaté dans l'évolution de la définition est la disparition du mot *volontaire*, ce qui pourrait laisser sous- entendre qu'en l'état actuel des choses, la RSE est désormais obligatoire. Certes, la Commission laisse apparaître une certaine volonté de réduire la mollesse de la RSE, mais la simple suppression du terme *volontaire* n'a pas vocation à rendre la RSE systématiquement obligatoire. Elle demeure toujours une démarche volontaire à la disposition des entreprises, même si la tendance actuelle tend à la rendre plus rigoureuse. La quête d'une RSE faisant preuve de plus de robustesse est due au fait que ses enjeux deviennent tellement décisifs, que face à l'irresponsabilité des entreprises, il est nécessaire d'avoir une réaction plus énergique. Une analyse du contenu de ce concept nous permettra de mieux appréhender ces différents enjeux.

SECTION II. LE CONTENU DU CONCEPT RSE

71. L'étude du contenu de la RSE revient à présenter ses objectifs ainsi que certains instruments qui permettent de les atteindre (**Paragraphe premier**), mais également de montrer quelques avantages de ce concept (**Paragraphe II**).

Paragraphe premier. La teneur des objectifs de la RSE et ses outils

72. Les objectifs de la RSE. L'objectif de la RSE est de responsabiliser les entreprises afin que la pratique des activités de ces dernières soit plus respectueuse des données sociétales et environnementales. La RSE invite pour ce faire les entreprises à s'inscrire dans une démarche de développement durable, tout en s'assurant de préserver une meilleure qualité de vie aux parties prenantes[56]. Pour y parvenir, ce concept repose sur trois piliers que sont l'économie, l'environnement et le social ou le sociétal. Concernant le dernier pilier, la tendance actuelle penche plus vers le terme *sociétal* en lieu et place du terme *social*.

---

[56] Les principales parties prenantes dont il s'agit ici sont les salariés, les collaborateurs et les membres de la communauté sur le territoire duquel sont implantées ces entreprises.

Cette évolution terminologique s'explique par le fait que le second terme ramène à la relation employés employeurs, ce qui restreint son étendue tandis que le terme *sociétal* s'inscrit dans une optique plus large prenant en compte les réalités de la société[57] dans sa généralité. Cependant, dans la pratique, les démarches RSE prennent en compte aussi bien le volet social que le volet sociétal.

73. Les piliers de la RSE. Parmi les piliers économiques de la RSE, il y a l'incitation à l'endroit des entreprises à soutenir les économies locales en s'approvisionnant chez les fournisseurs les plus proches de leurs lieux d'activités. Le pilier environnemental est une incitation à une meilleure prise en compte par les entreprises de la donne environnementale dans le cadre de leurs activités. Les entreprises sont appelées à réduire au maximum l'impact de leurs activités sur l'environnement, en limitant par exemple leurs émissions de gaz à effet de serre, en recyclant les déchets qu'elles produisent, etc. Le pilier sociétal consiste pour les entreprises à être plus respectueuses des obligations relatives aux droits humains, à la prise en considération des questions liées à la santé, à la sécurité ou au bien-être, etc.

74. Les normes ISO[58]. Les normes ISO contribuent à la réalisation des objectifs de la RSE. En effet, la norme ISO 14000 se focalise sur le pilier environnemental de la RSE en ciblant les efforts accomplis par une entreprise afin de réduire les impacts négatifs de ses activités sur l'environnement. Quant à l'ISO 26000, il est plus orienté vers la Responsabilité sociétale des organisations (RSO), il a pour but d'apporter une définition, une clarification et

---

[57] Employé ici comme un ensemble d'êtres humains menant une vie en groupe organisé.

[58] *International Standardization Organization* (ISO), ONG ayant son secrétariat à Genève est constituée d'un ensemble d'instituts nationaux de normalisation issus de 165 pays.

une uniformisation de la RSO dans une dimension internationale. Élaboré en 2010, le référentiel 26000 tourne autour de sept principes que sont : la gouvernance de l'organisation ; les droits de l'Homme ; l'environnement ; les relations et conditions de travail ; les loyautés des pratiques ; les communautés et le développement local, les questions relatives aux consommateurs. La prise en considération de toutes ces données par des entreprises constitue l'expression de leur engagement en faveur du développement durable. Mieux, ces démarches RSE qu'elles incluent dans leur politique leur sont bénéfiques en ce sens qu'elles leur procurent de nombreux avantages.

Paragraphe II. Quelques avantages de la RSE

75. Les avantages de la RSE sur la réputation de l'entreprise… Une mise en pratique sérieuse des exigences de la RSE au sein des entreprises contribue à atteindre les objectifs du développement durable (ODD). En outre, la mise en œuvre d'une démarche RSE présente des avantages également pour les entreprises elles-mêmes. En effet, les entreprises qui s'inscrivent dans des démarches RSE renforcent la qualité de leur image, elles solidifient leur réputation. Le comportement des consommateurs vis-à-vis des entreprises est de plus en plus fonction de la réputation de celles-ci. Plus une entreprise renforce sa réputation à travers des actions positives, plus les consommateurs s'y intéressent. À l'inverse, plus la réputation d'une entreprise se détériore du fait de ses activités, plus les consommateurs s'en éloignent. L'intérêt qu'ont désormais les consommateurs pour les questions environnementales et sociétales constitue un facteur que les entreprises doivent prendre en compte dans leur politique. Cette prise en compte ne peut que se matérialiser par une démarche RSE sérieuse, qui est la meilleure réponse susceptible d'être apportée pour satisfaire les nouvelles exigences des consommateurs.

76. …et sur le bien-être de son personnel. La RSE permet également à l'entreprise de contribuer au bien-être de son personnel, qui de ce fait s'investit davantage. À cet effet, lors d'une conférence[59] organisée par l'Université Paris Dauphine-PSL, maître Patarin (S.)[60], lors de son intervention, a affirmé que : « conscientes du fait qu'un salarié heureux est un salarié performant, certaines entreprises se dotent d'un *chief happiness officer* dont le rôle consiste à veiller à l'épanouissement des salariés ». Cette affirmation démontre que les entreprises ont conscience de l'impact qu'une démarche RSE peut avoir sur le rendement de leurs employés. La RSE apparaît donc comme un moyen de motivation et de fidélisation des employés, tout en étant une source d'attractivité de nouveaux talents vers l'entreprise. Les avantages de la RSE ont contribué à sa croissance continue à travers le monde. En ce sens, les initiatives des entreprises - aussi bien africaines que non africaines - lui ont permis de s'étendre sur le continent africain.

---

[59] Master Droit – Parcours 122, Centre de recherche Droit Dauphine, *le capitalisme responsable ? la question des dividendes*, [en ligne], (dernière consultation le 11 mai 2021), https://www.youtube.com/watch?v=Nw7aemF25gs

[60] Me Sabine Patarin, Avocate au Barreau des Hauts-de-Seine.

CHAPITRE II. LA PRATIQUE DE LA RSE SUR LE CONTINENT AFRICAIN

77. L'Afrique étant un continent vers lequel se tournent de plus en plus d'entreprises multinationales, elle ne pouvait pas se permettre de rester en marge de la progression que connaît la RSE actuellement. Ce, d'autant plus que les enjeux environnementaux, sociaux et sociétaux y représentent un intérêt crucial. En effet, l'Afrique est l'un des continents les plus vulnérables au changement du climat selon le groupe d'experts intergouvernemental sur l'évolution du climat (GIEC). De plus, certains pays africains étaient perçus comme des pays de cocagne par les entreprises inconvenantes qui, pour échapper à des législations plus strictes, souhaitaient s'implanter dans des contrées où les législations protectrices de l'environnement ou des droits humains étaient défaillantes, voire inexistantes. Bien qu'originellement il ait toujours existé une RSE qui ne disait pas son nom dans les pratiques africaines anciennes, il était tout de même nécessaire que cette RSE conceptualisée, nonobstant la nécessité de sa réadaptation, fasse son entrée sur le continent africain. À cet effet, les entreprises et organismes non africains y ont joué un rôle important au travers de leurs abondantes initiatives en faveur de RSE (**Section première**), au point que les entreprises et organismes africains aient été influencés (**Section II**).

SECTION PREMIÈRE. LES INITIATIVES RSE DES ENTREPRISES ET ORGANISMES NON- AFRICAINS

78. De nombreuses initiatives RSE mises en œuvre en Afrique sont le fruit d'une *importation* (**Paragraphe premier**), ce qui favorise des actions en la matière de la part des entreprises et organismes internationaux (**Paragraphe II**).

Paragraphe premier. L'importation des bonnes pratiques RSE en Afrique

79. La fébrilité législative en matière de RSE. Les enjeux environnementaux et climatiques étant universels, il revient dès lors à toutes les nations du monde de jouer le rôle qui est le leur quant à la réalisation des objectifs du développement durable. Cependant, le constat qui s'établissait par le passé était qu'il existait chez certains États, principalement ceux du sud, une fébrilité législative en matière de protection de l'environnement et du climat, en matière d'éthique, ou encore en matière de protection des droits humains. Ce qui constituait par conséquent une source d'attractivité de certaines entreprises multinationales vers ces États. Ces dernières choisissaient de s'implanter dans ces États avec des réglementations défaillantes ou inexistantes, uniquement dans le but de contourner les strictes exigences en vigueur au sein de leur État d'origine. La constatation de certains actes très peu respectueux des droits humains[61], le manque d'éthique de

[61] Le travail des enfants dans les champs de cacao en Côte d'ivoire ou dans les mines au Congo en sont des exemples. Un autre exemple plus récent sur un continent autre que l'Afrique est celui des Ouïghours en Chine.

certaines entreprises multinationales dans la pratique de leurs activités, ainsi que la survenance de catastrophes[62] ont conduit les organisations internationales et les États auxquels appartiennent ces entreprises multinationales à réagir. Ces réactions organisationnelles et étatiques ont contraint les multinationales à insérer dans leur politique des démarches plus respectueuses de l'environnement, du climat, de l'éthique ou encore des droits humains.

80. Le bénéfice des bonnes pratiques RSE par *procuration*. C'est ainsi qu'en Afrique, des initiatives initiées par des multinationales ont commencé à apparaître. À ce propos, les obligations de *reporting* imposées aux entreprises multinationales par leur État d'origine ont une incidence sur leurs filiales implantées sur d'autres territoires notamment en Afrique. Par ailleurs, concernant les procédures de *due diligence*, l'OCDE oblige les entreprises européennes à opérer une diligence raisonnable auprès de leurs fournisseurs ou de leurs clients, ce qui contraint ces dernières à appliquer cette exigence avec leurs partenaires installés sur le continent africain. En France, la loi Sapin II dont l'objet est la lutte contre la corruption et le trafic d'influence oblige les entreprises françaises d'une certaine catégorie[63] ayant tout ou une partie de leur activité en France, à mettre en œuvre les mesures nécessaires en vue de la prévention et de la détection de risques de corruption. Ainsi, une entreprise française qui détient une filiale en Afrique devra se soumettre - ainsi que sa filiale - à cette exigence, dès lors qu'elle se trouve dans le giron des entreprises visées par ce texte.

---

[62] Cf. infra n°138.

[63] Entreprise de plus de cinq cents salariés avec un chiffre d'affaires annuel supérieur à cent millions d'euros.

81. Des risques de sanctions réelles. Le risque de poursuites, voire de condamnation des entreprises multinationales dans leur pays d'origine est réel à en croire l'affaire de corruption qui impliquait le groupe Bolloré. En effet, cette entreprise multinationale a été condamnée à verser une amende de douze millions d'euros pour faits de corruption d'agent public étranger, d'abus de confiance et complicité d'abus de confiance. Cette condamnation qui fait suite à des faits qui ont été commis en Guinée et au Togo, a été prononcée nonobstant le recours à la procédure de comparution sur reconnaissance préalable de culpabilité (CRPC) engagée par le groupe. Cette procédure par laquelle la multinationale française espérait bénéficier d'un abandon des poursuites contre la somme de trois cent soixante-quinze mille euros a été ignorée par le juge du Parquet national financier. Il a en effet décidé de valider la Convention judiciaire d'intérêt public (CJIP) qui prévoyait l'amende qui a été finalement infligée au groupe Bolloré. Il apparaît à travers condamnation une sévérité évidente, que les entreprises multinationales françaises devraient analyser comme un signal fort - émanant de leurs autorités nationales - dans la lutte contre la corruption. Bien qu'ayant été condamné, le groupe Bolloré fait toutefois partie des entreprises qui posent des actions concrètes en matière de RSE en Afrique.

Paragraphe II. Des actions concrètes des entreprises et organismes non africains

82. Des entreprises internationales engagées. Ces exemples choisis parmi tant d'autres sont la preuve que la pratique de la RSE en Afrique est en partie le fruit d'une *importation*, par les entreprises multinationales, des bonnes pratiques en vigueur sur d'autres continents. Néanmoins, il est donné de constater que les entreprises étrangères prennent davantage d'initiatives volontaristes en matière de RSE, cela se manifeste par exemple à travers le concept d'économie sociale et solidaire (ESS). À cet égard, Orange Côte d'Ivoire, filiale du groupe Orange, à travers sa fondation contribue à améliorer les conditions de vie de plusieurs Ivoiriens. Cette fondation a réalisé à ce jour plusieurs centaines de projets sociaux parmi lesquels on dénombre[64] entre autres :

- 33 centres de santé construits ou réhabilités, 22 maternités construites ou réhabilitées et une unité de néphrologie pédiatrique créée en matière d'infrastructures sanitaires ;
- 483 salles de classe construites, ainsi que 50 cantines scolaires et 282 latrines dans le domaine de l'éducation ;
- 22 écoles numériques créées…

83. Ces actions accomplies par la Fondation Orange Côte d'Ivoire ne constituent nullement des actes isolés. De nombreuses entreprises étrangères sont en effet très actives dans le domaine de la RSE en Afrique. Le groupe Bolloré, Total, EDF, la Compagnie fruitière, la société générale ou encore la société Lafarge sont autant d'entreprises françaises qui s'investissent considérablement en matière d'initiatives RSE sur le continent africain. Le CIAN à cet effet, a publié un guide pratique intitulé *la responsabilité sociale et environnementale des entreprises françaises en Afrique : enjeu, pratiques et recommandations*. Ce guide met en lumière les pratiques RSE de quinze entreprises françaises implantées en Afrique, qui sont - comme de nombreuses entreprises - très souvent les cibles des remarques désobligeantes quand il leur arrive de défaillir,

---

[64] Réalisations effectuées entre 2006 à Avril 2021.

mais malheureusement très rarement félicitées lorsqu'elles accomplissent des œuvres salutaires.

84. Des organismes internationaux engagés. Le CIAN est un organisme qui joue un rôle important dans le développement de la RSE en Afrique, il incite ses adhérents à une meilleure pratique de la RSE en leur faisant approuver sa charte, ainsi que sa déclaration sur la prévention de la corruption. Outre le CIAN, il existe d'autres organismes internationaux qui jouent un rôle important dans l'expansion de la RSE en Afrique. Ce sont notamment l'Agence française de développement (AFD), l'Union européenne (UE), etc. L'AFD s'impose comme un acteur phare de la progression de la RSE en Afrique, dans le sens où elle contribue au financement de nombreux projets en rapport avec le développement durable, l'éducation, la santé ou le respect des droits humains. Mieux, elle va plus loin en faisant de la pratique de la RSE une condition d'obtention des financements qu'elle octroie aux entités, ce qui amène les organisations et les entreprises à se conformer aux normes RSE pour espérer bénéficier de ces financements. L'UE accompagne également l'expansion de la RSE en Afrique, elle le fait notamment à travers des financements de projets qui soutiennent la transition écologique. À titre d'illustration, elle a apporté son appui au projet *Yelenn*[65] pour l'énergie solaire au Burkina Faso grâce à un financement à hauteur de huit millions d'euros. Toutes ces actions menées par ces entreprises et organismes internationaux ont permis de propager la RSE en Afrique, ce faisant, ils ont fortement influencé les acteurs locaux qui à leur tour ont fini par s'intéresser à la pratique de cette matière.

---

[65] Projet initié par le gouvernement burkinabé visant à doter le Burkina Faso de quatre centrales solaires.

SECTION II. LA PRATIQUE DE LA RSE PAR DES ACTEURS AFRICAINS

85. Avant l'avènement de la RSE en Afrique sous cette forme conceptualisée, il existait des pratiques africaines fortement assimilables à ce concept (**Paragraphe premier**), qui nécessite d'être contextualisé en vue de l'adapter aux réalités africaines (**Paragraphe II**).

Paragraphe premier. De la RSE traditionnelle à la RSE conceptualisée

86. La RSE à l'africaine[66]... Les multinationales et les organismes non africains ont certes joué un rôle prépondérant dans le développement de la RSE en Afrique. Néanmoins, ils ne sont pas ceux par qui ses premiers signes y sont apparus. Des pratiques semblables à celles de la RSE ont toujours existé dans les sociétés africaines, notamment en Côte d'Ivoire où il existe depuis plusieurs années des activités qui ont trait à certains concepts de la RSE.

87. ...par le recyclage *traditionnel*. En effet, le recyclage qui est un pilier important de l'économie circulaire a toujours été dans les habitudes de certaines entreprises ivoiriennes avant l'avènement de la RSE en Côte d'Ivoire. Il existe dans ce pays des personnes appelées les *samarakôrôs*[67] dont le métier consiste à sillonner les différents quartiers afin de racheter auprès des populations leurs objets usés. Il y a également les *ramasseuses* de plastiques, ce sont des femmes qui de façon individuelle se

---

[66] Ce terme fait référence à des pratiques africaines assimilables à de la RSE.

[67] Terme issu du dialecte Bambara qui signifie vieille chaussure.

chargent de recueillir des sachets usés et des bouteilles en plastique qui jonchent les rues des villes ivoiriennes. Après avoir amassé une bonne quantité, les *samarakôrôs* et les *ramasseuses* de plastiques se chargent de revendre ces objets usés et ces déchets plastiques recueillis à des entreprises, lesquelles s'activent à les réutiliser afin de leur donner une autre vie. Cette forme de recyclage est extrêmement répandue en Côte d'Ivoire, elle est ancienne et fait toujours partie intégrante du quotidien des Ivoiriens.

88. ...par les entreprises *traditionnelles* africaines. L'autre exemple qui atteste de l'existence d'une RSE - qui ne dit pas son nom - dans les pratiques africaines, est que les entreprises traditionnelles africaines qui existaient avant la colonisation, étaient par définition des entreprises dotées d'une responsabilité sociale et solidaire[68]. Ces dernières étaient intrinsèquement liées à la communauté de sorte que dans leur fonctionnement, toutes les parties prenantes étaient incluses. À ce propos, Yaméogo (U. K-S.) affirmait que : « l'entreprise africaine n'a pas pour seul objectif de maximiser les profits au bénéfice de ses propriétaires. Au- delà de l'objectif de rentabilité, l'entrepreneur assume une certaine responsabilité vis-à-vis de ses proches, amis et parents voire la société, le lien social et relationnel précède l'entreprise et l'entreprise est un moyen plutôt qu'une fin[69] ». De ces termes, il ressort que dans les relations existantes entre les entreprises et la communauté dans les sociétés africaines anciennes, le facteur social ou sociétal était prédominant comparativement au facteur économique. Mieux, le premier existait avant le second, par conséquent, les

[68] Wong (A.), « *Pour une approche interculturelle de la RSE en Afrique* », *SPD*, 2015.

[69] Yaméogo (U. K-S.), *l'émergence de la responsabilité sociale des entreprises en Afrique : état des lieux, enjeux et perspectives*, mém. Université Paris XII, 2007.

entreprises traditionnelles africaines étaient dotées d'une responsabilité sociale et solidaire très déterminante. Par ailleurs, cette responsabilité était appuyée par une forte influence des valeurs culturelles sur ces entreprises. Ces dernières étaient ainsi amenées à adopter des politiques tendant à pacifier les relations sociales, ainsi qu'à respecter les notions d'éthique communément admises par la communauté au sein de laquelle elles étaient installées.

89. La RSE moderne par les africains[70]... Les entreprises africaines ont été influencées par les multinationales *importatrices* de la RSE conceptualisée en Afrique. S'il est vrai qu'un bon nombre de ces entreprises agissent sur une base volontariste, il est cependant difficile de réfuter la thèse selon laquelle certaines d'entre elles y sont contraintes. En effet, plusieurs organismes internationaux font désormais de la pratique de la RSE une condition *sine qua non* d'obtention de financement. De ce fait, les entreprises désireuses de bénéficier d'un financement émanant de ces organismes devront adopter une politique RSE afin d'espérer avoir gain de cause. Néanmoins, les initiatives volontaires se font toujours plus nombreuses sur le continent africain, qui est en phase de devenir le nouvel *eldorado* de la RSE.

90. ...par des initiatives d'entreprises. Il existe de nombreuses entreprises africaines impliquées dans la pratique de la RSE parmi lesquels il possible de citer : la société cotonnière *Sodefitex* qui à travers sa fondation dénommée *fondation Geocoton* apporte son soutien à la culture agricole, aux cultivateurs tout en améliorant les infrastructures locales au niveau du Sénégal. La banque de développement du Mali (BDM) a publié en 2017 son projet de politique de RSE au travers duquel elle s'engage

---

[70] Fait référence à la pratique du concept RSE par des acteurs africains.

à respecter douze engagements clairement définis. Le groupe OCP quant à lui se place comme le pionnier de la RSE au Maroc, il a à travers sa filiale *OCP Africa* mis en œuvre de nombreux projets à fort impact, parmi lesquels il y a les initiatives *OCP School* et *Agribooster* qui ont touché plus de cent mille agriculteurs sur l'ensemble du continent africain.

91. ...par des initiatives d'organisations. Parallèlement aux initiatives prises par les entreprises africaines, l'autre constat qui s'établit est que plusieurs associations ou instituts destinés à promouvoir la RSE en Afrique voient le jour. Le réseau africain des responsables RSE et développement durable dénommé *Kilimandjaro* en est une parfaite illustration. Son objectif vise en effet à développer la RSE en Afrique de façon harmonieuse avec les réalités de ce continent. En outre, il y a *Afrique RSE* qui au-delà d'être un cabinet spécialisé en économie durable en Afrique, se positionne comme un acteur très important sur ce continent en matière de promotion de la RSE. Quant à *Initiative RSE Sénégal*, elle s'est fixée comme objectif de promouvoir la RSE auprès des entreprises sénégalaises. Toutes ces structures ont un but commun : contribuer au développement de la RSE en Afrique. En ce sens, elles organisent des forums, des conférences ou des colloques en vue de la vulgarisation de la RSE.

92. ...par des initiatives d'organismes publics. Deux pays africains se positionnent comme des pays où la RSE est indéniablement perçue comme un véritable outil de développement, ce sont la Tunisie et le Maroc. En effet, en Tunisie, un projet de loi sur la RSE a été adopté le 29 mai 2018 par l'Assemblée des représentants du peuple (ARP), faisant de ce pays l'un des plus exemplaires en matière de mesures prises en faveur de la pratique de la RSE. Le Maroc quant à lui s'est doté d'une charte RSE à destination des entreprises implantées sur son territoire.

Cette charte a été adoptée le 14 décembre 2006 par la Confédération générale des entreprises du Maroc, via son conseil national des entreprises. Toutes ces initiatives autour de la RSE n'auront plus d'efficacité que si celle-ci se conforme au contexte africain.

Paragraphe II. La nécessité de contextualiser la RSE

93. La RSE pour les Africains[71]... La RSE pratiquée en Afrique est un concept originaire des pays du nord. Partant de ce constat, il est possible d'affirmer sans risque de se tromper que celle-ci a de fortes chances d'être inadaptée aux réalités des pays du sud. Le concept de la RSE dans son mouvement de l'Amérique du nord vers l'Europe a connu une mutation, en effet, la RSE pratiquée en Europe est plus contraignante que celle pratiquée en Amérique du nord où ce concept repose sur un principe fortement volontariste. De plus, en Europe, la RSE s'inscrit dans une dynamique prospective, c'est-à-dire qu'elle tend à anticiper sur les actions nocives de sorte que celles-ci ne se réalisent pas, elle prévient plutôt que guérir. À l'opposé, la RSE pratiquée en Amérique du nord intervient plus en aval pour sanctionner des actes déjà accomplis. La RSE a donc été réaménagée lors de son mouvement de l'Amérique du nord vers l'Europe, probablement, dans le but de la rendre mieux adaptée aux réalités de ce continent. Si une adaptation de la RSE aux réalités du continent où elle est censée se pratiquer présente un intérêt aussi grand, il est dès lors nécessaire de porter une réflexion sur une meilleure adaptabilité de la RSE

[71] Fait référence à la nécessité de la création d'une RSE adaptée aux réalités africaines.

européenne pratiquée en Afrique aux réalités de ce continent.

94. ...par la prise en compte des données culturelles. À cet égard, la différence culturelle existante entre les continents européen et africain appelle à une réadaptation de la RSE qui s'applique en Afrique. Il faut en effet que soient introduits des concepts issus des pratiques culturelles africaines au sein de cette RSE *européenne*, ce, en vue de lui garantir une meilleure adaptabilité aux réalités locales. Une donnée culturelle importante qui pourrait être prise en compte est la médiation, qui est certes une pratique bien connue des pays du nord, mais qui a également toujours existé dans les sociétés africaines sous des caractéristiques différentes. En effet, la médiation en Afrique repose sur des valeurs culturelles très fortes et est menée par les *sages* de la communauté, qui sont des personnes dont la voix porte en raison de leur grandeur d'esprit. Cette médiation africaine a également pour but de régler les différends, mais sa particularité est qu'elle est mise en œuvre en considération des réalités sociales, culturelles et politiques des sociétés africaines. À ce propos, Alexandre Wong dans une réflexion menée sur l'interculturalité de la RSE en Afrique a abordé la question de la médiation en affirmant que : « Deux grands modèles de médiation seraient dégagés en ce sens (...). L'observation sur le terrain du croisement de ces deux approches ouvrirait sur une compréhension interculturelle et non plus seulement occidentale du dialogue avec les parties prenantes[72] ». La prise en compte de la version africaine de la médiation associée à la version européenne contribuera à une amélioration des rapports entre les

---

[72] Wong (A.) « La dimension interculturelle de la RSE en Afrique, une RSE africaine qui ne dit pas son nom » 2006, in (dir.) Kamdem, (E.), *Innovation entrepreneuriale et développement durable en Afrique : défis et opportunités*, Paris, L'Harmattan, 2006, p. 93-128.

parties prenantes. Elle sera en effet facteur de pacification des rapports entre celles-ci, et produira de meilleurs résultats sociaux et/ou sociétaux.

95. ...par la prise en compte des réalités du marché africain. Les petites et moyennes entreprises (PME) constituent 90% des sociétés en Afrique[73], de plus, le secteur informel bien qu'il soit difficilement quantifiable représenterait selon la Banque africaine de développement (BAD) près de 55% du PIB de l'Afrique subsaharienne[74]. Le déploiement de la RSE en Afrique devra se faire en tenant compte de cette particularité du climat africain des affaires. Les principes RSE qui y seront développés devront être adaptés à cette réalité du marché des affaires composé essentiellement de petites entreprises, ou d'entreprises évoluant dans l'informel, qui très souvent font face à d'énormes difficultés[75].

96. ...par la prise en compte d'autres aspects sociaux. La prise en compte des données culturelles n'est pas la seule voie à emprunter pour pouvoir *africaniser* la RSE. De nombreuses autres données susceptibles d'adapter au mieux la RSE aux réalités africaines existent. Dans le domaine de l'économie circulaire, un réaménagement de la RSE est possible par la prise en compte de certaines

---

[73] Najji (Y.), « Les PME, moteur d'une croissance durable en Afrique », Les Échos, 13 mars 2019, [en ligne], (dernière consultation le 13 mai 2021), https://www.lesechos.fr/idees-debats/cercle/opinion-les-pme-moteur-d une-croissance-durable-en-afrique-1000131

[74] Cessou (S.), « Le poids du secteur informel », Le Monde diplomatique, novembre 2015, [en ligne], (dernière consultation le 13 mai 2021), https://www.monde-diplomatique.fr/mav /143/CESSOU/53893#:~:text=Par%20d%C3%A9finition%2C%20le %20secteur,Asie%20%E2%80%94%20%C3%A9chappe%20%C3%A 0%20toute%20statistique.&text=Autre%20indicateur%20de%20l'imp ortance,%25%20selon%20la%20Banque%20mondiale).

[75] Cf. infra. V. n° 134.

réalités comme le dérèglement de l'urbanisation causé par l'exode rural, ou encore la désorganisation constatée entre les acteurs qui sont censés déployer les politiques RSE dans sa dimension locale. Ntsonde (J.) et Aggeri (F.), dans une étude portant sur une meilleure adaptation de la RSE aux réalités africaines ont fait trois propositions à prendre en compte pour aboutir à cette fin. La première proposition est un appel à « une responsabilité collective d'acteurs hétérogènes quant aux enjeux sociétaux[76] » en vue d'une meilleure implication de la société civile et des acteurs publics, contrairement à l'orientation individuelle de la RSE traditionnelle. La deuxième proposition quant à elle suggère un couplage plus strict « des enjeux sociaux et environnementaux en raison de la forte imbrication de ceux-ci et de leur interdépendance dans les pays africains[77] », en lieu et place de la possibilité de dissociation de ces enjeux dans la RSE actuelle, qui de ce fait s'avère inadaptée aux réalités de l'Afrique où les enjeux sociaux et environnementaux sont très souvent intrinsèquement imbriqués entre eux. Et pour terminer, la troisième proposition exprime leur souhait selon lequel il faudrait : « repenser le processus de déploiement de la RSE[78] » en améliorant les rapports entre les différents niveaux international, national et local. La prise en compte de cette dernière proposition, permettra en effet de réorganiser les interactions entre ces différents niveaux géographiques, qui sont très souvent très désorganisées en raison du manque d'éclaircissement de ces dernières.

---

[76] Ntsonde (J.), Aggeri (F.), *Repenser la RSE dans le contexte d'un pays en voie de développement, le cas de l'économie circulaire au Cameroun*, RIODD, 2017, [en ligne], (dernière consultation le 11 mai 2021), https://halshs.archives-ouvertes.fr/halshs-01620352, p.32-33.
[77] *Ibid.*
[78] *Ibid.*

97. ...par des organismes. Outre ces réflexions menées par des auteurs sur la contextualisation de la RSE à l'environnement africain, il existe des organisations qui militent dans ce sens. C'est le cas de *Kilimandjaro*, ce réseau d'acteurs de la RSE et du développement durable en Afrique dont l'objectif affiché par ses membres fondateurs est de : « mobiliser des parties prenantes pour la co- construction par l'Afrique pour l'Afrique d'une RSE adaptée au contexte africain ».

98. Née dans un contexte de crise, l'OHADA a su faire montre de son utilité en ce sens où elle a efficacement contribué à l'endiguement des difficultés économiques que rencontraient ses États membres. Plusieurs rapports *DB* de la banque mondiale ont d'ailleurs mis en avant les apports de ce droit dans l'amélioration du climat des affaires en Afrique. Toutefois, le droit OHADA doit désormais adapter ses objectifs aux réalités actuelles. La RSE, dont les enjeux essentiellement non économiques semblent épouser les réalités de ce monde actuel, est sans nul doute cette matière qui saura être profitable à l'OHADA dans cette optique de réajustement de ses objectifs. De plus, la version *africanisée* de la RSE tant souhaitée pourrait être le fruit d'une action entreprise par les dirigeants de l'OHADA, cependant, il faudrait pour ce faire que ces derniers matérialisent leur volonté de voir la RSE introduire ce droit. Ce faisant, deux objectifs seraient susceptibles d'être atteints d'un seul coup, le premier étant *l'africanisation* de la RSE au moment de son entrée dans l'OHADA, le second étant l'adaptation des objectifs de l'OHADA aux réalités présentes. Car, le seul véritable gage de l'actualisation de ce droit est le croisement de celui-ci avec la RSE.

PARTIE II.

LA RSE DANS LE DROIT OHADA : UNE RENCONTRE INDISPENSABLE POUR L'ACTUALISATION DE CE DROIT

99. La rencontre entre le droit OHADA et la RSE présente un intérêt indéniable pour ce droit (**Titre premier**). Les avantages rattachés à cette rencontre sont nombreux, à commencer par le fait qu'elle permettra de rendre ce droit plus actuel. Cependant, les modalités (**Titre II**) par lesquelles cette rencontre s'opérera doivent être efficaces afin que celle-ci intervienne le plus rapidement possible.

TITRE PREMIER.

L'INTÉRÊT DE LA RENCONTRE ENTRE LA RSE ET L'OHADA

100. La rencontre entre le droit OHADA et la RSE permettra de redynamiser ce droit grâce à la prise en compte par celui-ci des considérations non économiques (**Chapitre premier**), ce qui permettra par ailleurs à l'organisation de se positionner parmi les organisations responsables (**Chapitre II**).

CHAPITRE PREMIER. REDYNAMISER L'OHADA PAR DES CONSIDÉRATIONS NON ÉCONOMIQUES

101. Forte de ses dix-sept États membres et de ses dix actes uniformes, l'OHADA est aujourd'hui la plus importante organisation d'intégration juridique du continent africain. Ses différentes institutions, notamment la CCJA et l'ERSUMA, apportent une solide contribution au développement du droit des affaires dans son espace. Les investisseurs semblent en effet de plus en plus rassurés depuis l'avènement de ce droit, comme en témoignent plusieurs rapports[79] de la Banque mondiale. Cette attractivité dont fait montre l'espace OHADA est le fruit des efforts consentis par les concepteurs de ce droit, qui n'ont guère cessé de rappeler que celui-ci avait vocation à être au service du développement économique de ses États membres. Néanmoins, face aux enjeux actuels liés au développement durable, l'OHADA ne doit plus se permettre de se vanter que de ses progrès apportés sur le plan économique, sans prévoir de se redynamiser grâce à la prise en compte de certaines considérations non économiques. De ce fait, au vu de l'urgence climatique mondiale et des crises sociétales assez récurrentes impliquant des entreprises installées sur son espace, l'OHADA doit impérativement s'ouvrir à des visions plus actuelles (**Section première**). Par ailleurs, plus qu'une simple organisation d'intégration juridique, elle se doit désormais d'être un maillon indispensable à l'atteinte des objectifs du développement durable en Afrique (**Section II**).

---

[79] Cf. V. supra n°60 et 61.

SECTION PREMIÈRE. L'OUVERTURE DE L'OHADA À DE NOUVELLES VISIONS

102. L'OHADA ayant fait ses preuves relativement à sa contribution au développement économique de ses États membres. Elle doit désormais s'orienter vers de nouvelles perspectives plus actuelles, cette fois non économiques. Dans cette optique, elle gagnerait à s'orienter vers des perspectives environnementales (**Paragraphe premier**) et sociétales (**Paragraphe II**).

Paragraphe premier. L'OHADA vers de nouvelles perspectives environnementales

103. L'impact des activités des entreprises sur l'environnement. Les entreprises contribuent fortement à la détérioration de l'environnement du fait de la nature de leurs activités. En 2010, l'industrie en France métropolitaine a été à l'origine de l'émission d'un tiers des gaz à effet de serre, estimé à cent soixante-seize millions de tonnes de CO2. Selon une étude de l'OCDE publiée en 2016, les décès prématurés pour cause de pollution atmosphérique ont connu une hausse de 36% entre 1990 et 2013 en Afrique, où les industries agroalimentaires et chimiques font partie des cinq grandes sources de pollution dans les grandes villes[80]. Le décor actuel est effroyable : changement climatique du fait des émissions de gaz à effet de serre, surexploitation des sources

[80] Darame (M), « En Afrique de l'Ouest, une pollution mortelle mais d'ampleur inconnue », Le Monde, 29 novembre 2019, [en ligne], (dernière consultation le 13 mai 2021), https://www.lemonde.fr/afrique/article/2019/11/29/en-afrique-de-l-ouest-une-pollution-mortelle-mais-d-ampleur-inconnue_6021103_3212.html

énergétiques et des ressources naturelles, dépérissement des ressources halieutiques, appauvrissement des sols, menace de la biodiversité, etc. L'état des lieux environnemental présente un bilan au visage hideux. Des actions à l'instar de la conférence des Nations unies sur l'environnement, également appelée la conférence de Stockholm[81], sont menées à l'échelle mondiale pour juguler cette crise environnementale.

104. L'ouverture à des perspectives environnementales. L'OHADA doit impérativement s'inscrire dans cette dynamique de préservation de l'environnement en légiférant en la matière. Son objet est excessivement orienté vers le développement économique de ses États membres, aucune velléité allant dans le sens de la prise en compte des données environnementales dans ses objectifs n'a été jusqu'ici constatée, si ce n'est l'obligation de *reporting* imposée par le SYSCOHADA. Et pourtant, ce ne sont pas des activités menées par des entreprises tendant à dégrader l'environnement qui manquent dans son espace. Cette situation a d'ailleurs donné lieu à la rédaction de plusieurs thèses portant spécifiquement sur les conséquences environnementales des entreprises minières exerçant dans cet espace. Certes, certains États membres de l'OHADA ont légiféré en matière de droit de l'environnement, mais il est indispensable qu'il y ait une action concertée conduite par l'OHADA en vue d'une plus grande efficacité. L'OHADA ne peut pas se permettre de se départir de cet enjeu mondial si crucial en restant campée que sur des considérations économiques. S'ouvrir à des perspectives environnementales devient plus que nécessaire pour cette organisation, au même titre qu'une ouverture à des perspectives sociétales.

---

[81] Elle s'est tenue en 1972.

Paragraphe II. L'OHADA vers de nouvelles perspectives sociétales

105. Les difficultés d'ordre sociétal. Les droits humains sont très souvent piétinés par les entreprises dans leur quête effrénée de capitaux. Le principal objectif de ces dernières étant de maximiser leurs profits, elles n'hésitent pas à reléguer le bien-être des humains à un niveau inférieur. Les cas de violation des droits de la population sont quasi indénombrables au sein de l'espace OHADA ; en 2020 à Tobène au Sénégal, un conflit foncier a opposé la population locale aux industries chimiques du Sénégal (ICS). L'objet du conflit portait sur un terrain de six hectares dont la population avait la concession, ce terrain a été cédé à ICS par l'État sénégalais avec un barème de dédommagement négocié entre ce dernier et ICS sans que les populations aient été associées aux discussions. En réalité, les populations ne s'opposaient pas à la cession des terrains qui leur était imposée, elles souhaitaient simplement que le barème qu'elles trouvaient faible soit réévalué. Les contestations en faveur de la réclamation de cette réévaluation ont donné lieu à des arrestations. Des organismes tels qu'Amnesty International et un collectif de trente-cinq associations de la société civile et paysanne ont dû intervenir pour exiger la libération des personnes arrêtées. En outre, une étude rendue publique en 2016 par le cabinet de consultants *TMP Systems* et l'ONG *Rights and Resources Initiatives* (*RRI*) a révélé qu'en Afrique subsaharienne, un tiers des conflits entre les entreprises et les populations sont dus à des déplacements forcés[82]. Par ailleurs, selon les dernières estimations

---

[82] 63% des conflits entre les entreprises et les populations sont dus aux déplacements forcés, loin devant les conflits d'indemnisation qui représentent 19%. Les conflits liés à l'environnement ou ceux liés à la baisse des ressources représentent chacun 9%.

mondiales de l'OIT, l'Afrique est le continent qui compte le plus grand nombre d'enfants travailleurs ; plus de cinquante et neuf millions d'enfants âgés de cinq à dix- sept ans sont impliqués dans des travaux dangereux.

106. L'ouverture à des perspectives sociétales. Face à ces réalités sociétales peu reluisantes, il est indispensable pour l'OHADA d'inciter les entreprises installées sur son espace à être plus respectueuses des droits des personnes. Tout comme en matière de préservation de l'environnement, il y a une forte tendance à l'échelle mondiale qui consiste à amener les entreprises à prendre en compte les considérations sociétales dans la réalisation de leurs objectifs. Si l'OHADA a indiscutablement contribué au développement économique des États qui la composent, elle doit à présent songer à changer de cap en ajustant ses objectifs aux réalités actuelles. Car, rester figée sur des objectifs uniquement économiques pourrait précipiter l'obsolescence de cette organisation, dans un monde où l'intérêt pour les questions environnementales et sociétales ne cesse de croître. Les instances dirigeantes de l'OHADA n'ont quasiment plus le choix, elles doivent exprimer leur volonté d'aller vers ces considérations non économiques en s'orientant vers la RSE. À ce sujet, l'espoir semble être permis, un article[83] intitulé *faire de OHADA l'espace intégré le plus sociétalement responsable* publié sur le site de l'organisation le 4 avril 2021, laissait entrevoir le souhait de certains acteurs[84] de voir la RSE être introduite dans sa législation. Cet article a mis un point d'honneur sur le fait que la RSE pourrait

---

[83] La rédaction, « *Faire de l'OHADA l'espace intégré le plus sociétalement responsable !* », 4 février 2021, [en ligne], (dernièrement consulté le 10 avril 2021), https://afrimag.net/opinion-ohada-responsabilite-societale-entreprises/

[84] Le professeur Emmanuel Sibidi Darankoum est coauteur de cet article.

constituer un levier pour une meilleure intégration des femmes en entreprises, ce qui pourrait être une avancée notable sur le plan sociétal sur un continent où les inégalités[85] homme-femme se conjuguent avec les réalités du quotidien. De plus, la RSE une fois intégrée en droit OHADA sera un point saillant pour la concrétisation du développement durable dans son espace.

SECTION II. L'OHADA : VECTRICE DU DÉVELOPPEMENT DURABLE

107. Afin de percevoir en quoi l'OHADA pourrait être un vecteur du développement durable en Afrique, il conviendra au préalable de rechercher le lien qui existe entre la RSE et le développement durable (**Paragraphe 1**). Le lien étant perçu, il sera ensuite question d'aborder le rôle que pourrait avoir l'OHADA dans le développement durable en Afrique après l'intégration de la RSE en son sein (**Paragraphe 2**).

Paragraphe premier. RSE et développement durable : quel lien ?

108. RSE et développement durable : Le rapport de Brundtland de 1987 définit le développement durable comme : « un développement qui répond aux besoins du présent, sans compromettre les capacités des générations futures à répondre aux leurs ». Il précise également que : « le développement durable doit être à la fois

[85] En 2018, les femmes ne généraient que 33% du PIB de l'Afrique alors qu'elles représentaient plus de 50% de la population de ce continent.

économiquement efficace, socialement équitable et écologiquement tolérable ». Ses finalités sont : la lutte contre le changement climatique et la protection de l'atmosphère, la préservation de la biodiversité des milieux et des ressources, la cohésion sociale et la solidarité entre les territoires et entre les générations, l'épanouissement de tous les êtres humains, et enfin une dynamique de développement suivant des modes de production et de consommation responsables. Ainsi présenté, il apparaît indéniablement qu'il existe un lien entre le développement durable et la RSE. C'est en effet la seconde qui permettra l'intégration des enjeux de la première au sein des entreprises et dans leurs interactions avec les parties prenantes.

109. La convergence des objectifs sur le plan institutionnel. Ces deux concepts présentent énormément de similitudes dans leurs objectifs au point où cette convergence tend à s'institutionnaliser. À titre d'exemple, la commission du développement durable mandatée par l'assemblée générale de l'ONU a rendu public un document intitulé *responsible entrepreneurship, background paper n°4, 6th session*, qui définit ce que doit être perçue comme la RSE. En outre, l'OCDE par le biais des *Principes directeurs à l'intention des firmes multinationales*, a affirmé en 2000 que l'un des objectifs qu'elle recherche est d'accroître la contribution des entreprises multinationales au développement durable.

Paragraphe II. L'OHADA et le développement durable en Afrique

110. L'évolution du développement durable en Afrique. L'Afrique subsaharienne n'a pas toujours été encline à mener une politique de développement durable principalement basée sur la préservation de l'environnement. Elle a toujours estimé que cette ambition était un luxe que seuls les pays riches pouvaient se permettre. Sa position se justifiait également par le fait qu'elle ne se sentait pas responsable de la détérioration de l'environnement, qui devait être mise sur le compte des pays industrialisés. Son inaction a amené certains organismes internationaux[86] à réagir en l'accusant d'être également responsable de dommage environnemental mondial. Pour ce faire, ils lui ont reproché les effets de l'augmentation vertigineuse de sa population, mais également ceux de sa pauvreté sur l'environnement. Déterminée à maintenir sa position, l'Afrique subsaharienne n'a malgré tout pas su tenir longtemps. En effet, les États occidentaux et les institutions[87] internationales conscientes de la mainmise politico-économique qu'ils ont sur ce continent ont su user de stratagèmes pour la faire faiblir. Dès 1989, les États africains à travers la convention de Lomé IV ont commencé à démontrer leur intérêt quant à la préservation de l'environnement. Initiés par la *World resource institute* et encouragés par le président la banque mondiale d'alors, monsieur Conable (B.), les Plans nationaux d'actions pour l'environnement ont été élaborés par de nombreux États africains en vue de prouver leur engagement pour l'environnement. En outre, en vue de marquer davantage leur adhésion au développement durable, les États africains ont adopté tous les actes de la conférence de Rio de 1992. Cet engagement pour lequel ils étaient réticents au départ, semble avoir une importance capitale pour eux

[86] Parmi ces organismes, il y avait notamment la Communauté économique européenne (CEE) et la Commission des nations unies pour le commerce et le développement (CNUCED).
[87] La banque mondiale avait par exemple instauré des conditions liées à la préservation environnementale à respecter pour prétendre bénéficier de prêts.

désormais, même si pour qu'ils y adhèrent il a fallu leur forcer la main. L'Afrique subsaharienne a désormais pris conscience de son rôle dans la réalisation des ODD. Les objectifs du millénaire pour le développement n'ayant été atteints que faiblement jusqu'en 2013 en Afrique, ils ont été remplacés par les ODD.

111. L'OHADA : outil de renforcement du développement durable. L'OHADA à travers la prise en considération de la donne environnementale dans sa législation incitera les différentes parties prenantes à en tenir compte dans leurs différentes interactions. Elle contribuera ainsi à l'intensification du développement durable en Afrique en général, et plus particulièrement dans l'espace OHADA. Ce qui serait un soutien non négligeable pour les États africains, qui ne cessent de démontrer leur attachement à la question du développement durable, et qui l'ont manifesté dans l'*agenda 2063*[88] de l'UA au sein duquel il apparaît des objectifs en lien avec ceux du développement durable. Ce faisant, au-delà de se voir être redynamisée, l'OHADA se positionnera également comme une organisation responsable du fait de sa rencontre avec la RSE.

---

[88] L'agenda 2063, au-delà d'être une vision est un plan d'action visant à inciter toutes les souches de la société africaine à œuvrer à la construction d'une Afrique prospère, solidaire et unie, avec en commun des valeurs et un destin.

CHAPITRE II. POSITIONNER L'OHADA COMME UNE ORGANISATION RESPONSABLE

112. L'OHADA se positionnera grâce à la prise en compte de la RSE comme une organisation responsable. Ce, en raison du fait qu'elle intégrera dans son dispositif des objectifs qui respecteront les engagements en lien avec les enjeux mondiaux actuels (**Section première**). Mais également, elle permettra de responsabiliser les entreprises installées dans son espace ainsi que leurs parties prenantes (**Section II**).

SECTION PREMIÈRE. LE REHAUSSEMENT DES OBJECTIFS DE L'OHADA AU DIAPASON DES ENJEUX MONDIAUX

113. Les enjeux mondiaux actuels. Les enjeux mondiaux du moment tournent autour de plusieurs domaines parmi lesquels il y a la santé avec récemment la lutte contre la covid-19, le consumérisme, la pauvreté, la question du genre, les droits humains ou encore l'environnement. Chacun de ces domaines englobe plusieurs enjeux, au niveau environnemental par exemple, ces enjeux sont entre autres la préservation de la biodiversité, la consommation de l'énergie, la soustraction responsable des ressources ou encore les questions relatives à l'empreinte carbone. Parallèlement à ces enjeux environnementaux, il y a également des enjeux sociétaux parmi lesquels il est possible de citer la participation des entreprises au développement de l'économie locale, la diversité ethnoculturelle des peuples, la prise en compte des intérêts des communautés ou encore la lutte contre les discriminations liées au sexe, à l'âge, à l'origine, etc. La prise en compte de ces enjeux par des entreprises dans leur politique interne fait de ces dernières des entreprises engagées dans la RSE, mais pas nécessairement des entreprises responsables. Elles ne seront responsables que lorsqu'elles respecteront de façon effective les obligations pour lesquelles elles se sont engagées. En d'autres termes, le simple fait qu'une entreprise initie une démarche RSE ne suffit pas pour faire d'elle une entreprise responsable. Elle doit obligatoirement faire du mieux qu'elle peut pour atteindre les objectifs qu'elle s'est fixés, des actions concrètes doivent succéder à ces engagements au risque pour elle de s'exposer à l'écoblanchiment.

114. L'OHADA vers des enjeux mondiaux : une nécessité. Les objectifs originels de l'OHADA étant principalement orientés vers des considérations économiques, il s'en déduit aisément qu'en l'état actuel des choses, ceux-ci sont déconnectés des nouveaux enjeux mondiaux. Ces objectifs certes nobles ne contribuent pas vigoureusement au développement durable tant clamé et réclamé à l'échelon mondial. Cette situation constitue un handicap pour le droit OHADA, qui doit impérativement agir en vue de reclasser ses objectifs dans une dimension autre que celle dans laquelle elle se trouve en ce moment. Abordant dans ce même ordre d'idées, le professeur Darankoum (E. S.) lors d'une *interview* a affirmé que : « Depuis trente ans, le travail normatif de l'Organisation pour l'harmonisation en Afrique du droit des affaires (OHADA) contribue significativement à l'intégration économique du continent en apportant une sécurité juridique favorable au développement des investissements et activités économiques des dix-sept États membres. Aujourd'hui la Responsabilité sociétale des entreprises (RSE) est devenue incontournable [89]».

[89] Diop (M.) « *Responsabilité sociétale des entreprises : La nouvelle jauge pour l'Ohada*», Afrimag, 16 avril 2021, [en ligne], (dernière

Cette RSE est en effet devenue incontournable en raison de ses enjeux qui représentent de véritables défis desquels l'OHADA ne peut se départir. Elle doit s'aligner sur ces nouveaux enjeux afin de se rehausser au rang des organisations responsables. Dans la même *interview*, l'actuel Secrétaire permanent n'a pas manqué de souligner le fait que l'OHADA ait actuellement besoin de la même volonté politique des États membres qui s'est traduit par la matérialisation du Traité, cette fois pour : « favoriser l'émergence d'un cadre juridique dédié à la RSE et son application effective pour répondre aux enjeux du XXIe siècle[90] ». Ces propos sont la preuve d'une volonté manifeste des dirigeants de l'OHADA de voir cette organisation s'ouvrir à d'autres perspectives, afin que ses objectifs soient ajustés aux enjeux du moment. La matérialisation de cette volonté fera de l'OHADA un outil de responsabilisation de l'ensemble des parties prenantes de ses dix-sept États membres.

SECTION II. LA RESPONSABILISATION DES ENTREPRISES ET DE LEURS PARTIES PRENANTES PAR L'OHADA

115. Les entreprises et leurs parties prenantes. Les parties prenantes se définissent comme l'ensemble des acteurs dont leurs intérêts sont susceptibles d'être affectés par l'activité économique d'une entreprise. Ces dernières peuvent être internes ou externes à l'entreprise. Dans l'ordre interne, sont considérés comme parties prenantes

---

consultation le 03/05/2021), https://afrimag.net/responsabilite-societale-entreprises-nouvelle-jauge/

[90] Ibid.

les salariés, les dirigeants et les organisations internes à l'entreprise. Dans l'ordre externe, celles-ci sont beaucoup plus nombreuses, ce sont entre autres les communautés, les clients, les concurrents, les ONG ou encore les fournisseurs. Les intérêts de ces différents acteurs peuvent être affectés en ce sens où il arrive assez souvent que dans le cadre de l'exercice de leurs activités économiques, les entreprises accomplissent des actes qui causent du tort à leur entourage. Le préjudice causé peut ainsi être un impact néfaste sur l'environnement tel que : la pollution, le rejet de gaz à effet de serre, la déforestation, etc. Il peut relever de l'ordre sociétal en étant entre autres : le mépris des intérêts des populations autochtones, des expropriations, des délocalisations sans préavis, etc. De façon plus restreinte, celui-ci peut être également subi en interne. Dans cette hypothèse, il aura plutôt un caractère social et pourra apparaître sous diverses formes à savoir : un traitement inégalitaire entre les salariés ; une discrimination ou un traitement inhumain, etc. Ces entreprises peuvent être mêlées aussi bien directement qu'indirectement à la réalisation de ces dommages. Elles sont liées directement lorsque ce sont elles qui sont les auteures du dommage qui est causé, et le sont indirectement lorsque l'acte est accompli par un de leur partenaire intervenant dans leur chaîne de valeur, c'est-à-dire l'une de leurs parties prenantes.

116. Une responsabilisation des entreprises à renforcer avec l'OHADA. Le droit OHADA avec de nouveaux objectifs orientés vers des horizons non économiques pourra enfin être un droit enclin à la RSE. Les nouvelles normes qui seront introduites dans son dispositif juridique modifieront les habitudes des entreprises opérant au sein de son espace, ainsi que celles de leurs parties prenantes. Ces dernières seront amenées à pratiquer la RSE par obligation ou par volontarisme selon le mode d'accueil pour lequel les dirigeants[91] de l'OHADA opteront. En effet, si ces dirigeants optent pour le respect des fondamentaux originels de la RSE en la rendant non obligatoire, l'entrée de la RSE en droit OHADA pourra se faire par le biais d'une charte[92], et l'accaparement de celle-ci par les parties prenantes se fera sur une base volontariste. Cependant, si la RSE fait son entrée en droit OHADA par l'entremise des actes uniformes[93], celle-ci sera directement applicable et obligatoire au sein des dix-sept États membres de l'organisation. Qu'elle soit obligatoire ou volontaire, les parties prenantes seront amenées à s'intéresser à la RSE. Cette dernière devient de plus en plus incontournable pour les entreprises installées dans l'espace OHADA. En effet, de nombreuses d'entre elles ont déjà engagé des démarches RSE, sans qu'elles aient été nécessairement contraintes. Cet enthousiasme démontre le fort intérêt que les entreprises accordent à cette matière. Certes, cet engouement autour de la RSE est un point positif pour son évolution au sein de l'espace OHADA. Toutefois, il ne doit pas être considéré comme un aboutissement, mais plutôt comme un acquis à renforcer par une solide assise textuelle. L'outil capable d'assurer cette assise avec efficacité et dextérité est le droit OHADA, qui par l'intermédiaire des nouvelles normes qu'elle accueillera, amènera davantage les entreprises et leurs parties prenantes à s'intéresser à la RSE.

117. La responsabilisation des parties prenantes par l'OHADA. Hormis les entreprises, l'OHADA à travers les normes RSE qu'elle concevra devra prévoir des dispositifs

---

[91] Le Secrétaire permanent de l'OHADA, le professeur Darankoum lors du webinaire organisé par le CIAN le 06 mai 2021, avait l'air d'opter pour une RSE contraignante en droit OHADA.

[92] Cf. V. infra n°140.

[93] C'est cette piste qui semble être privilégiée par l'OHADA.

de responsabilisation des parties prenantes. Pour ce faire, il va falloir qu'elle incite les entreprises à inclure l'ensemble de leurs parties prenantes dans leur démarche RSE. De toute évidence, aucune politique RSE efficace ne peut être menée par une entreprise, sans que celle-ci y associe l'ensemble de ses parties prenantes. Il faut en effet un dialogue préalable entre l'entreprise et ces dernières en vue d'identifier au mieux les enjeux à prendre en compte. Dans l'ordre interne, ce dialogue devra inclure les salariés ainsi que les organisations syndicales afin de les impliquer dans cette démarche dans laquelle l'entreprise prévoit de s'inscrire. Dans l'ordre externe, l'entreprise devra être plus vigilante vis-à-vis des activités de ses partenaires, elle doit pratiquer la *due diligence*. La responsabilité des entreprises du fait des préjudices causés par leurs activités, tend de plus en plus à s'élargir aux activités de leurs partenaires. L'OHADA doit s'inscrire dans cette dynamique d'élargissement de la responsabilité des entreprises afin d'aboutir à une meilleure responsabilisation des parties prenantes. Ainsi, les impacts négatifs des activités des partenaires d'une entreprise seront comptabilisés à l'actif de cette dernière sur le marché final. Ces normes tendant à élargir la responsabilité des entreprises que l'OHADA devra concevoir auront le mérite d'accroître la vigilance de ces dernières. Elles se verront dans l'obligation d'être plus regardantes sur l'activité de l'ensemble de leurs partenaires impliqués dans leur chaîne de valeur. La redynamisation de l'OHADA ainsi que son positionnement au rang des organisations responsables ne seront possibles que si des normes RSE font effectivement leur entrée dans son dispositif. Pour ce faire, une réflexion sur les modalités d'accueil de la RSE en droit OHADA s'avère nécessaire.

TITRE II.

LES MODALITÉS D'INTRODUCTION DE LA RSE DANS LE DROIT OHADA

118. Dès l'instant où l'OHADA parviendra à accaparer la RSE en s'ouvrant à des considérations non économiques, elle se positionnera comme l'entité juridique la plus importante dans le déploiement de cette matière en Afrique. Cependant, pour que le droit OHADA y parvienne, il va falloir trouver le moyen par lequel il accueillera la RSE. Les spécificités des normes RSE ainsi que la technicité de cette matière sont des paramètres qui devront être pris en compte lors de l'introduction de celle-ci dans le droit OHADA. En effet, il faudra opter pour une modalité qui tiendra compte des particularités des normes qui se croiseront, à savoir : les normes RSE et les normes de l'OHADA. Par ailleurs, il va falloir également prévoir la création d'un cadre pour accueillir des spécialistes en RSE afin que grâce à leur expertise, cette matière puisse convenablement faire son entrée en droit OHADA et y être appliquée en bonne et due forme. Pour ce faire, le procédé d'accueil de la RSE devra être envisagé à travers des moyens normatifs (**Chapitre premier**). Toutefois, ce processus d'accueil ne devra pas être envisagé uniquement dans un cadre normatif, il faudra nécessairement prévoir des modalités de réception par une autre voie : la voie non normative (**Chapitre II**).

CHAPITRE PREMIER. LA RÉCEPTION DE LA RSE EN DROIT OHADA PAR LA VOIE NORMATIVE

119. Une fois intégrée dans le dispositif juridique de l'OHADA, la RSE contribuera indiscutablement à l'actualisation de ce droit. Plus qu'un simple outil juridique au service du développement économique, ce droit sera dorénavant un maillon essentiel dans la réalisation des ODD en Afrique. Afin de parvenir à cette fin, il faudra trouver le moyen par lequel le droit OHADA accueillera les normes RSE dans son dispositif. L'une des inquiétudes à laquelle il faudra apporter satisfaction est de savoir si les normes RSE seront introduites en droit OHADA par le biais de ses actes uniformes, ou s'il faudra opter pour une voie différente. D'aucuns pourraient s'interroger sur le bien-fondé de cette inquiétude pour la simple raison qu'avec l'existence des actes uniformes, opter pour une autre piste risque d'être dénué de tout intérêt. Ce qu'il convient toutefois de préciser est que les actes uniformes peuvent effectivement être les canaux par lesquels la RSE sera introduite dans le droit OHADA, mais au regard de leur caractère et de la procédure à suivre, il risque d'y avoir des obstacles qui complexifieront le processus. Il s'agira dans ce présent chapitre de mener une réflexion sur le choix des actes uniformes comme sources de la RSE en droit OHADA. Ce, afin de savoir si un tel choix n'est pas problématique (**Section première**). Puis, il s'agira d'orienter la réflexion vers une autre piste potentiellement plus réaliste, à savoir : l'élaboration d'une charte (**Section II**).

SECTION PREMIÈRE. LA RSE PAR L'ENTREMISE D'ACTES UNIFORMES : UN CHOIX PROBLÉMATIQUE ?

120. Introduire la RSE en Droit OHADA par le biais des actes uniformes n'est pas juridiquement impossible. Cependant, l'analyse de certains aspects ayant trait à ces actes uniformes, ainsi qu'aux normes RSE, laissent entrevoir des éléments de complexité qui rendent ce choix improbable. Cette improbabilité se justifie par des difficultés d'ordre matériel et procédural (**Paragraphe premier**) liées à la révision et l'adoption des actes uniformes. L'autre élément justificatif de cette improbabilité est l'incompatibilité qui existe entre le caractère obligatoire des actes uniformes et le caractère non obligatoire des normes RSE (**Paragraphe II**).

Paragraphe premier. Une possibilité juridique à l'épreuve d'une complexité procédurale

121. Les possibilités offertes par le Traité. Il n'est pas juridiquement impossible de se servir des actes uniformes pour irriguer le droit OHADA de normes RSE. L'article 27 du Traité révisé en 2008 offre cette possibilité, il institue un nouvel organe qu'est la Conférence des chefs d'État et de gouvernement dont la mission est de statuer sur toutes les questions relatives au Traité. L'objet du Traité, précisé en son article premier, consiste à harmoniser le droit des affaires dans l'espace OHADA. Il en ressort que les questions auxquelles l'article 27[94] fait référence sont celles relatives au droit des affaires. La RSE étant principalement destinée aux entreprises, il n'est donc pas inexact d'affirmer que cette matière rentre dans le giron du droit des affaires. Par conséquent, la Conférence des chefs d'État et de gouvernement a la possibilité de statuer sur des questions portant sur la RSE, sans qu'il soit considéré qu'elle ait outrepassé les limites de sa compétence. Par ailleurs, hormis la possibilité offerte par l'article 27 du Traité, il est également possible au regard de son article 2[95], d'inclure d'autres matières dans le domaine des affaires réglementées par l'OHADA. Il revient au Conseil des ministres de réaliser à l'unanimité cette inclusion de nouvelles matières en se conformant à l'objet du Traité, ainsi qu'aux dispositions de son article 8[96].

---

[94] Traité de l'OHADA, Article 27 *(Québec 2008)* : « *La Conférence des Chefs d'État et de Gouvernement est composée des Chefs d'État et de Gouvernement des États parties. Elle est présidée par le Chef de l'État ou de Gouvernement dont le pays assure la présidence du Conseil des Ministres.*
Elle se réunit en tant que de besoin, sur convocation de son Président, à son initiative ou à celle du tiers des États parties.
Elle statue sur toute question relative au Traité. »

[95] Traité de l'OHADA, Article 2 : « *Pour l'application du présent Traité, entrent dans le domaine du droit des affaires l'ensemble des règles relatives au droit des sociétés et au statut juridique des commerçants, au recouvrement des créances, aux sûretés et aux voies d'exécution, au régime du redressement des entreprises et de la liquidation judiciaire, au droit de l'arbitrage, au droit du travail, au droit comptable, au droit de la vente et des transports, et toute autre matière que le Conseil des Ministres déciderait, à l'unanimité, d'y inclure, conformément à l'objet du présent Traité et aux dispositions de l'article 8 ci-après.* »

[96] Traité de l'OHADA, Article 8 : « *L'adoption des actes uniformes par le Conseil des Ministres requiert l'unanimité des représentants des États-Parties présents et votants.*

122. Un brin de RSE en droit OHADA... L'objet de cette présente étude porte sur l'introduction de la RSE en droit OHADA. Toutefois, il apparaît important d'apporter une précision à ce sujet : la RSE n'est pas totalement inexistante dans ce droit. Il existe en effet des normes au sein de certains dispositifs de l'OHADA qui ont une forte connotation RSE, ce qui permet d'affirmer avec aisance que ce droit a de façon implicite un brin de cette matière en son sein, qu'il serait cependant utile de renforcer par une prise en compte plus vigoureuse. Ces normes en question sont perceptibles entre autres dans l'AUS, dans l'AUSCGIE, dans l'AUA, ainsi que dans le SYSCOHADA qui représente l'exemple le plus pertinent de la présence de la RSE dans le droit OHADA.

123. ...au sein de l'AUS. L'article 14 alinéa 2 de l'acte uniforme portant sur les sûretés illustre parfaitement cette présence de la RSE dans le droit OHADA. En effet, cet article prévoit un formalisme particulier pour la caution qui ne sait ni lire ni écrire. Ce dernier étant dispensé de l'écrit qui est une formalité nécessaire pour la validité de tout cautionnement, il doit cependant se faire assister par deux témoins qui lui indiqueront l'ampleur de l'engagement auquel il souscrit. Ces deux témoins doivent certifier l'identité et la présence de la caution analphabète ou illettrée dans l'acte de cautionnement, et surtout attester que la nature et les effets de cet acte ont été signifiés à ce dernier. Le législateur OHADA a pris en compte une réalité sociétale de la zone OHADA pour élaborer cette disposition. Il a en effet tenu compte du taux de l'analphabétisme et de l'illettrisme élevé en Afrique en général, et dans la zone OHADA en particulier. Il apparaît à travers cette disposition une réelle volonté de protéger la caution des dangers liés à son engagement qu'il n'appréhenderait pas, en raison de son analphabétisme ou de son illettrisme. Au-delà d'une simple prise en compte des réalités sociétales, il faut y voir une volonté de protection de l'humain à travers la préservation de ses intérêts, car l'engagement à une obligation dont on ne maîtrise pas l'ampleur peut conduire à un état d'endettement, voire de surendettement avec toutes les conséquences qui lui sont rattachées.

124. …au sein de l'AUSCGIE. Une autre preuve de la présence implicite de la RSE en droit OHADA : celle relative à la protection des parties prenantes[97]. L'AUSCGIE[98], en vue de promouvoir le développement de l'entreprise, et par là- même protéger les parties prenantes, impose à l'assemblée générale des associés d'affecter chaque année 10% des bénéfices de l'entreprise à une réserve légale jusqu'à ce qu'elle atteigne 5% du capital. Cette exigence protège les parties prenantes, car outre les associés, elle constitue une réelle protection des salariés et des partenaires de l'entreprise. En droit français, c'est l'article L. 232-10 du code du commerce qui impose cette réserve légale qui est de l'ordre de 5% du bénéfice, jusqu' à l'atteinte de 10% du capital social. À titre de comparaison, sur ce point précis, le droit OHADA protège mieux les parties prenantes que le droit français. Cette norme très protectrice doit être perçue comme une norme RSE dans le sens où elle vise la préservation des intérêts de l'ensemble des parties prenantes.

125. …au sein de l'AUA. Il existe implicitement de la RSE en droit OHADA au travers de l'AUA qui impose l'éthique en matière d'arbitrage, cette notion étant bien évidemment une valeur promue par la RSE. Le professeur

---

[97] Muberankiko (G.), « *La responsabilité sociétale des entreprises dans la gouvernance des sociétés en droit OHADA* », Lexbase Afrique-OHADA, Éd. n°34, Paris, Juin 2020, p. 46-57.

[98] AUSCGIE, art. 346.

Kenfack Douajni (G.)[99] rappelle que l'analyse des obligations qui pèsent sur les intervenants de la procédure arbitrale révèle la présence d'une éthique en droit de l'arbitrage OHADA. Il cite à titre illustratif l'article 7 de l'AUA qui oblige l'arbitre qui a connaissance de l'existence d'une cause de récusation en sa personne, à le faire savoir aux parties qui devront donner leur accord unanime et écrit afin que celui-ci puisse conduire la mission qui lui est proposée. L'AUA en posant cette obligation place les arbitres face à leurs valeurs morales, afin qu'ils puissent faire preuve de bonne foi et rendre un arbitrage dénué de toute partialité et tentative de corruption. Ce texte, toujours dans l'optique de préserver cette impartialité, prévoit l'intervention du juge qui devra prononcer la récusation au cas où les parties peinent à régler par elles-mêmes la procédure de récusation.

126. ...au sein du SYSCOHADA. En janvier 2017, l'OHADA a adopté l'AUDCIF et le SYSCOHADA révisés, ces deux textes ont chacun apporté leur lot d'innovations. Cependant, en matière de RSE spécifiquement, c'est le SYSCOHADA qui a brillamment innové en prévoyant désormais l'obligation de *reporting* à la charge des entreprises installées sur l'ensemble de l'espace OHADA. Le nouveau SYSCOHADA prévoit en effet une obligation d'information portant sur des valeurs de la RSE. Il est désormais obligatoire pour toutes les entreprises dont leurs activités économiques ont un impact sur l'environnement de fournir des informations environnementales et sociales. En outre, les entreprises dont le nombre de salariés excède cinq cents sont dorénavant obligées de communiquer sur leur politique de prise en compte des conséquences sociales et environnementales de leurs activités. Elles doivent

---

[99] Kenfack Douajni (G.), « L'exemple de L'OHADA », *in l'éthique dans l'arbitrage*, (dir.) Keutgen (G.), Bruylant, 2012, p. 123

également fournir des informations sur les différents engagements sociaux allant dans le sens du développement durable. Les différentes informations à fournir sont contenues dans une liste, laquelle se trouve dans l'une des trente-six notes annexées aux états financiers OHADA, à savoir : la note 35. Cette note est obligatoire pour toutes les entreprises de plus de deux cent cinquante salariés. Les informations à fournir sont toutes d'ordre social, environnemental ou sociétal. Elles portent entre autres sur l'emploi, l'égalité de traitement, la pollution et la gestion des déchets, le changement climatique ou encore la protection de la biodiversité. Téné (T.), directeur *d'Afrique RSE*, estime que cette obligation de *reporting* contribuera au développement de la RSE en Afrique, c'est pour le moins ce qui ressort des propos suivants dont il est l'auteur : « L'exigence de *reporting* RSE demandée par l'OHADA aura un impact considérable sur la dynamique RSE en Afrique. En effet, il est très difficile de faire un *reporting* RSE sans avoir défini et mis en œuvre une stratégie RSE ».

127. La révision d'actes uniformes. Après avoir mis en évidence le fait qu'il soit possible que la RSE fasse son entrée en droit OHADA par le biais des actes uniformes, il convient de s'intéresser aux modalités de celle-ci. C'est d'ailleurs à ce niveau que se situent les principales difficultés, sources d'improbabilité. Les deux possibilités envisageables sont les révisions des actes uniformes existants, ou l'adoption d'un nouvel acte uniforme portant sur la RSE. Concernant les révisions, il va s'agir d'introduire les normes RSE au sein des actes uniformes déjà existants. Chacun d'entre eux pourra alors être révisé, les normes RSE seront introduites dans les actes uniformes auxquels elles sont rattachées ou se rapprochent quant à leur thématique. Ainsi, la notion de la société à mission[100] pourrait par exemple être introduite dans l'AUSCGIE grâce à de nouvelles normes qui y feront leur entrée. Il serait également possible de rendre la comptabilité dans l'espace OHADA plus verte en étendant les principes de la comptabilité traditionnelle aux capitaux extra financiers. Pour ce faire, il faudrait par exemple prévoir dans l'AUDCIF l'idée que propose l'expert Gbego (H.)[101], à savoir : « l'identification par le comptable des enjeux environnementaux des entreprises et des ressources qu'elle utilise, afin d'inscrire au passif du bilan de celles-ci le coût de la préservation de la qualité de ses ressources ». Par ailleurs, la médiation environnementale ou sociale qui peut s'avérer être, dans une certaine mesure, un puissant outil de règlement de conflits pourrait dans cette même optique faire l'objet d'une prise en compte plus dynamique par l'AUM.

128. Les difficultés liées aux révisions. Il existe une difficulté particulière propre à la révision, qui est relative au fait que celle-ci pourrait porter sur plusieurs actes uniformes. Cette situation aura pour conséquence d'entraîner une vague révision de ces textes dans une même période. Cela risque de ne pas bénéficier de l'agrément des décideurs de l'OHADA, quand on sait le coût et le temps que prend la révision d'un acte uniforme. Il paraît inenvisageable que le législateur de l'OHADA s'aventure dans une odyssée pareille, avec pour seule intention la prise en compte de la RSE dans sa législation. Cette vague de révision est donc la première source d'improbabilité du choix des actes uniformes comme sources de la RSE en droit OHADA. Cette difficulté liée à

---

[100] Ce sont des sociétés qui, en plus du but lucratif, se donnent statutairement d'autres buts à objet sociétal ou environnemental.

[101] Expert en comptabilité, développeur de la méthode CARE (Comptabilité adaptée au renouvellement de l'environnement)

la multiplicité des révisions sur une même période justifie aisément l'orientation d'une réflexion vers un mode d'accueil à priori plus simple : l'adoption d'un nouvel acte uniforme portant sur la RSE.

129. L'adoption d'un nouvel acte uniforme. L'adoption d'un acte uniforme portant sur la RSE est envisageable, ce nouveau texte de loi pourrait contenir en son sein toutes les normes RSE que le législateur OHADA jugera importantes. Un acte uniforme portant sur la RSE une fois adopté, aura l'avantage de bénéficier d'une transversalité en matière de thématiques, il sera plus complet, plus digeste et évitera surtout l'éparpillement de normes RSE entre plusieurs textes dans la législation OHADA. L'autre avantage de cette modalité est que des normes RSE touchant à des thématiques qui ne sont pas encore prises en compte par les actes uniformes existants pourraient faire leur entrée en droit OHADA. Ce qui n'aurait pas été possible avec la modalité d'introduction des normes RSE en droit OHADA par la voie de révision d'actes uniformes. S'il est certes possible que le droit OHADA soit irrigué de normes RSE par l'adoption d'un nouvel acte uniforme, il faut toutefois souligner que cette modalité présente également des difficultés principalement liées à la procédure qui l'encadre.

130. Les difficultés liées à l'adoption d'un acte uniforme. La procédure qui encadre l'adoption des actes uniformes est prévue par les articles 6 et 7[102] du Traité. Au regard de ces articles, l'initiative est laissée au secrétariat permanent qui rédige le projet d'acte uniforme. Il transmet ce projet dans un premier temps aux gouvernements des États-parties qui disposent de quatre-vingt-dix jours à compter de la date de réception pour lui faire savoir ses

---

[102] Ce sont ces articles qui encadrent également la procédure de révision des actes uniformes.

observations sous forme écrite. Le projet d'acte uniforme auquel sont jointes les observations des gouvernements des États-parties accompagnées d'un rapport du secrétariat permanent est dans un second temps transmis à la CCJA, qui dispose d'un délai de soixante jours pour réaliser sa consultation. Puis, dans un troisième temps, le secrétariat permanent établit une mise au point définitive du projet, qu'il fera inscrire par voie de proposition à l'ordre du jour de la prochaine session du Conseil des ministres. Il est évident que cette procédure se veut inclusive – ce qui est d'ailleurs salutaire – mais il n'en demeure pas moins que cette volonté d'inclusivité rallonge ses délais. La durée de cette procédure d'adoption est source de lourdeur, c'est d'ailleurs ce à quoi pourrait être confrontée une éventuelle adoption d'un acte uniforme portant sur la RSE. L'adoption d'un nouvel acte uniforme est une procédure qui dure des années en général. À titre d'illustration, les avant-projets d'acte uniforme portant sur le droit des contrats et sur le droit du travail, qui ont respectivement démarré depuis 2004[103] et 2006[104] n'ont pas encore été adoptés. Ajouter à ceux- ci un énième projet d'acte uniforme risquerait d'être de trop, d'où l'improbabilité de cette proposition. Au vu de l'urgence climatique, des exigences environnementales et du développement très rapide de la RSE, il serait judicieux de parer au plus urgent en utilisant des modalités d'introduction de la RSE en droit OHADA plus réalistes et moins chronophages. À côté des difficultés liées à la procédure de révision et d'adoption des actes uniformes qui réduisent la probabilité de positionner ces derniers comme sources efficaces de la

[103] L'avant-projet de l'acte uniforme portant sur le droit des contrats a été transmis, par le professeur Fontaine, au secrétariat permanent de l'OHADA depuis Septembre 2004.

[104] L'avant-projet d'acte uniforme portant sur le droit du travail a été élaboré en 2006 à Douala.

RSE en droit OHADA, il y a également le fait que leur caractère soit incompatible avec celui des normes RSE.

Paragraphe II. Droit souple *versus* droit dur à l'aune d'une RSE en durcissement

131. La nécessité de légiférer. En 2001, la Commission européenne définissait la RSE comme : « l'intégration volontaire par les entreprises de préoccupations sociales et environnementales à leurs activités commerciales et leurs relations avec les parties prenantes »[105]. De cette définition apparaît clairement la notion de volontariat, qui sous-entend qu'en principe les entreprises ne peuvent pas être contraintes à mettre en œuvre une politique RSE. Ce sont elles qui, selon leur gré, décideront ou non d'emprunter le chemin de la RSE. Ce volontariat sur lequel est basée cette matière lui confère un caractère souple. Face aux impacts négatifs des activités des multinationales sur le climat, l'environnement, mais également sur les droits humains, les organisations non gouvernementales (ONG) et les sociétés civiles ont engagé une lutte afin que les États établissent une législation transnationale, qui auraient vocation à s'appliquer à ces multinationales où qu'elles puissent se trouver. Ces dernières choisissaient en effet de s'installer dans des États aux législations fébriles, profitant ainsi de leurs lacunes, tout en échappant malencontreusement aux exigences légales de leurs États d'origine. Il fallait réagir de toute urgence afin de limiter l'impact des activités de ces multinationales.

132. La souplesse des normes internationales. Confrontées à la quasi-impossibilité de mettre en place des

---

[105] *In* livre vert « *promouvoir un cadre européen pour la RSE* », Commission européenne, 2001, p.8.

normes qui contraindraient ces multinationales, quelle que soit leur implantation géographique, certaines organisations internationales ont alors opté pour l'établissement de dispositifs normatifs non contraignants. C'est dans ce cadre qu'en 2000, le Pacte mondial des Nations unies a été initié par Kofi (A.)[106], afin d'inciter les entreprises à être plus socialement responsables. Ce Pacte avait pour but de communiquer à ces dernières les bonnes pratiques de la RSE, sans toutefois les y contraindre. Il y a également les principes directeurs de l'OCDE dont la dernière version date de 2011. Ces principes sont des recommandations que les États membres adressent aux multinationales qui exercent leurs activités sur leur territoire ou à partir de celui-ci. Tout comme le Pacte mondial des Nations unies, les principes directeurs de l'OCDE n'ont aucune force contraignante. Ces instruments, comme de nombreux autres[107] élaborés dans le cadre de la RSE, respectent l'esprit de cette matière qui se fonde sur la volonté de ses destinataires.

133. Contraindre est-il nécessaire ? Faire de la RSE une contrainte supplémentaire pour les entreprises - comme c'est la tendance en ce moment - ne lui garantit pas plus d'efficacité. Le fait de créer des obligations supplémentaires pour les entreprises ne fera pas nécessairement d'elles des entités mieux engagées, car comme le pense Revel (J-F.)[108] : « Ce ne sont pas les obligations qui génèrent les meilleurs engagements ». L'idée originelle de la RSE est de laisser la latitude aux entreprises en fonction de leurs objectifs, de choisir

---

[106] Secrétaire général des nations unies de 1997 à 2006

[107] Il y a notamment les lignes directrices de la *Global reporting initiatives (GRI)*, les conventions de l'Organisation internationales du travail (OIT) ou les normes ISO…

[108] Gérant de la SCLE SFE, à ne pas confondre avec le philosophe français Jean-François Revel

elles- mêmes leurs contraintes, pas de leur en imposer. Pour revenir au contexte de cette étude, celui de la RSE en droit OHADA, l'idée de rajouter des contraintes supplémentaires à ce droit pourrait paraître paradoxale quand on sait que l'objectif de cette organisation, est de faire de son espace une zone attractive pour les investisseurs. Il est logiquement difficile d'attirer des investisseurs en augmentant leur contrainte, le mieux qu'il serait possible de faire est de concevoir des normes non contraignantes, qu'il faudra accompagner par des mesures incitatives[109] de sorte à amener les entreprises à s'y intéresser d'elles-mêmes.

134. La piste de la contrainte relative. Rendre la RSE contraignante peut être handicapant pour l'OHADA quant à la réalisation de ses objectifs. Cependant, face à certaines atteintes, la RSE en droit OHADA devrait raisonnablement être plus rigoureuse. C'est notamment le cas lorsque des entreprises s'adonnent à de graves violations des droits humains, ou lorsque du fait de leur nature, ou de leur secteur[110] d'activités, celles-ci ont un impact assez grave sur l'environnement ou la société. La piste qu'il serait possible d'exploiter pour contraindre ce type d'entreprises est celle de la contrainte relative. Cette solution consistera à rendre la RSE obligatoire pour les entreprises ci-dessus évoquées ainsi que pour des entreprises d'une taille relativement grande. Dans le même temps, elle rendra la RSE optionnelle pour les entreprises à faible impact négatif, ainsi que pour des entreprises de petites tailles telles que les très petites entreprises (TPE) et les PME. En effet, les TPE et les PME rencontrent déjà d'énormes difficultés sur le continent africain. L'une des raisons de ces difficultés est qu'elles ont du mal à accéder à des financements. Sur un besoin supérieur à cent

---

[109] Cf. V. infra n°158 et suivants

[110] Le secteur industriel ou minier par exemple

quarante-cinq milliards de dollars, seulement quinze à vingt milliards de dollars de crédit sont accordés annuellement aux PME de l'Afrique subsaharienne selon le fonds monétaire international[111]. Si à ces difficultés, l'OHADA ajoute l'obligation d'engager une démarche RSE, ce qui a un coût non négligeable, ces petites entreprises supporteront le coup assez difficilement. D'où l'intérêt d'une contrainte relative qui permettra de ne pas loger à la même enseigne les entreprises à fort impact négatif et les entreprises à faible impact négatif, ainsi que les entreprises de grande taille et les entreprises de petite taille.

135. Des actes uniformes obligatoires. Les actes uniformes sont, au regard de l'article 10 du Traité, d'application directe et obligatoire au sein des États membres de l'OHADA. Ce, en dépit de toutes dispositions contraires de droit interne, qu'elle soit postérieure ou antérieure. Sauf dispositions particulières prévues par ces actes uniformes, ils ne commencent à s'appliquer que quatre-vingt-dix jours après leur publication au journal officiel (JO) de l'OHADA. Cette condition prévue à l'article 9 du Traité est la seule relative à l'entrée en vigueur des actes uniformes au sein des États-parties. Il n'existe aucune autre démarche particulière à mener ni par les États-parties ni par les entreprises pour que ces textes entrent en vigueur. La notion d'engagement volontaire des dirigeants d'entreprises présente en RSE est inexistante dans la législation l'OHADA. En effet, dès leur entrée en vigueur, les actes uniformes s'appliquent aux entreprises menant leurs activités sur tout l'espace OHADA. Quant aux États, il ne leur est pas nécessaire de mettre en œuvre une procédure particulière pour faire appliquer les actes uniformes sur leur territoire. Dès lors que le délai légal

---

[111] Najji (Y.), *op cit.*

prévu pour l'entrée en vigueur des actes uniformes arrive à son terme, ces derniers deviennent directement applicables. D'aucuns pourraient soulever le fait que l'alinéa 2 de l'article 9 du Traité précise que la publication de l'acte uniforme dans le JO de ces États, et que de ce fait, ces derniers sont contraints d'entamer une démarche supplémentaire à leur niveau. À ce propos, le Traité ne fait pas de cette procédure supplémentaire une condition d'entrée en vigueur des actes uniformes. En effet, l'alinéa 2 de l'article 9 prévoit effectivement que les États publient les actes uniformes dans leur JO, tout en précisant que cette procédure n'a pas vocation à avoir une incidence sur l'entrée en vigueur de ceux-ci.

136. L'aspect pénal des actes uniformes. Il existe un autre article qui met en évidence avec plus de vigueur le caractère contraignant des actes uniformes, il s'agit de l'article 5 du Traité. Selon cet article, les actes uniformes peuvent prévoir des incriminations pénales, à charge aux États membres de définir les sanctions[112] qui les accompagneront. Cet article donne au législateur de l'OHADA, bien qu'il ne puisse pas prévoir les sanctions, le pouvoir de pénalement incriminer certains agissements par le canal des actes uniformes. Ainsi, leur applicabilité directe et obligatoire, ainsi que la possibilité qu'ont les actes uniformes de contenir des incriminations pénales, leur confèrent un caractère dur qui les rend incompatibles avec les normes RSE qui sont censées être souples. Au regard de cette incompatibilité, introduire en droit OHADA des normes RSE qui ont un caractère souple, par le canal des actes uniformes qui ont un caractère dur, pourrait paraître chimérique. C'est d'ailleurs à ce niveau que se situe l'autre cause d'improbabilité de la proposition

[112] Le droit OHADA n'a en effet pas vocation à prévoir des sanctions pénales, cette démarche relève de l'ordre interne des États membres qui conservent leur souveraineté sur les questions de droit pénal.

arguant le choix des actes uniformes comme sources de la RSE en droit OHADA. Toutefois, cette difficulté liée à l'incompatibilité des caractères de ces normes semble progressivement se vider de son intérêt. Ce, au regard de cette vague de durcissement que sont en train de connaître les normes RSE.

137. Le durcissement de la RSE en Europe. La tendance actuelle est que les normes RSE deviennent de plus en plus dures. En effet, il est donné de constater un nombre important de législations en matière de RSE dotées d'un caractère contraignant. À titre d'exemple, la Commission européenne a fait évoluer sa définition[113] de la RSE, qui à la différence de celle de 2001, laisse moins transparaître l'aspect volontariste de cette matière. En 2014, cette volonté de rendre la RSE contraignante s'est matérialisée avec la directive européenne 2014/95 portant sur la publication d'informations non financières. Cette directive impose entre autres aux entreprises d'une certaine catégorie de communiquer sur la manière dont elles prennent en compte les impacts sociaux et environnementaux liés à leur activité.

138. Le durcissement de la RSE en France. L'effondrement du centre commercial *Rana plaza*[114] a conduit le législateur à adopter la loi du 27 mars 2017 portant sur le devoir de vigilance. Il y a également la loi relative au plan d'action pour la croissance et la transformation des entreprises (loi PACTE) du 22 mai 2019. Cette loi oblige les entreprises, sous peine d'engager leur responsabilité ou celle de leur dirigeant, à prendre des mesures effectives ainsi qu'à répondre aux

---

[113] Cf. supra V. n°6.

[114] L'effondrement d'un immeuble le 24 avril 2013 au Bangladesh ayant fait plus de 1100 morts. Cet immeuble abritait des ateliers qui travaillaient pour le compte de nombreuses multinationales.

attentes de leurs parties prenantes. En 2021, l'Assemblée nationale française a adopté un amendement tendant à renforcer les sanctions portant sur le *greenwashing* qui jusque-là n'était que moralement sanctionné. Ce texte qualifie désormais cet agissement de pratique commerciale trompeuse comme le font savoir ces propos de Bergé (A.)[115] : « La personne qui se rendra coupable de blanchiment écologique par le biais de la publicité se verra ainsi appliquer une sanction pécuniaire renforcée par rapport à ce que prévoyait déjà le code de la consommation au titre des pratiques commerciales trompeuses, et elle aura en outre l'obligation d'afficher la condamnation dont elle a fait l'objet ».

139. Vers une disparition de l'incompatibilité ? À travers ces différentes législations présentées ci-dessus, il apparaît un durcissement des normes RSE qui réduit le volontarisme qui caractérise cette matière. Les choses se font de moins en moins selon la volonté des entreprises. Cette nouvelle orientation de la RSE vers un droit plus dur laisse croire en une possible introduction de ce concept en droit OHADA via les actes uniformes, sans que l'incompatibilité des caractères évoquée plus haut constitue un obstacle. Cette incompatibilité semble se vider de son sens au gré de l'évolution de la RSE et de ses enjeux qui ne cessent de croître. Cependant, si la disparition progressive de cette dernière fait naître un réel espoir quant à la possibilité d'accueillir la RSE en droit OHADA par l'entremise des actes uniformes, il n'en demeure pas moins que les premières causes d'improbabilité demeurent, à savoir : les difficultés liées à une vague de révision si on opte pour la modification des actes uniformes existants, ainsi que celles liées à la lourdeur de la procédure d'adoption si on opte pour la

---

[115] Rapporteure, auteure de l'amendement.

création d'un nouvel acte uniforme. D'où l'intérêt d'étudier une piste normative plus probable, mais surtout, plus réaliste.

SECTION II. L'ÉLABORATION D'UNE CHARTE RSE : LE CHOIX RÉALISTE

140. De manière concrète, la charte sera conçue par l'organe RSE, aidé dans sa tâche par le comité d'experts RSE *ad hoc* (**Paragraphe premier**) qui sera mis en place pour la circonstance. Cette charte est le choix le plus réaliste au regard de ses avantages et de ses caractéristiques qu'il conviendra de présenter (**Paragraphe II**).

Paragraphe premier. La conception de la grande charte

141. Pourquoi l'appellation *grande* charte ? Cette proposition de dénomination se justifie par le fait que cette charte sera composée de deux catégories de chartes que sont une charte principale et des chartes sectorielles. Elle sera élaborée par un nouvel organe[116] spécialisé en RSE, et devra traduire des engagements allant dans le sens de la réalisation des objectifs de l'organisation en la matière.

142. Les travaux préparatoires du comité d'experts RSE. Les objectifs de l'OHADA en matière de RSE devront être déterminés en fonction d'un ensemble de solutions proposées par un comité d'experts *ad hoc* qu'il faudra établir. La mission de ce comité consistera entre

---

[116] Cf. V. infra n°152.

autres à détecter les difficultés liées à la RSE dans l'espace OHADA, à passer en revue les avancées qui ont déjà été réalisées par les organismes privés ou publics, à croiser ces différentes données afin que de ceux-ci découlent des solutions qu'il soumettra à l'organe. Cette détection de difficultés devra se faire à deux niveaux, le comité devra en effet s'inscrire dans une démarche *macro* dans un premier temps, afin de repérer l'ensemble des problèmes généraux qui sont communs à tous les secteurs d'activité en présence dans l'espace OHADA. Puis, dans un second temps, il devra dans une démarche *micro*, inspecter les différents secteurs en vue de relever les problèmes spécifiques ayant trait à ces derniers. Quant à l'étude des pratiques déjà en cours dans l'espace OHADA, le comité devra s'inscrire dans une démarche inclusive en prenant en compte l'ensemble des parties prenantes existant au sein des dix- sept États membres, afin de s'imprégner de ce qui a déjà été fait en matière de RSE. Ces experts devront à la suite de ces missions ci-dessus présentées produire des propositions de solutions qu'ils mettront à la disposition de l'organe, qui devra à son tour s'en servir pour élaborer la grande charte.

144. L'élaboration par l'organe RSE. L'organe dans cette mission d'élaboration devra produire les différentes normes RSE en fonction des niveaux - *macro* et *micro* - et des secteurs. Ainsi, il sera amené en premier lieu à rédiger des engagements qui concerneront l'ensemble des activités économiques exercées dans l'espace OHADA, indifféremment du secteur auquel elles sont rattachées. Ces engagements qui seront produits grâce aux propositions de solutions destinées à endiguer les problèmes d'ordre général détectés par les experts formeront la charte principale. Cette dernière sera applicable à tous les acteurs exerçant dans l'espace OHADA, en raison du caractère général des engagements qu'elle contient. En second lieu, l'organe devra élaborer des chartes sectorielles en fonction des propositions de solutions liées à chaque secteur que le comité d'experts aura mis à sa disposition. Il devra produire des engagements liés aux spécificités de chaque secteur d'activité. Ainsi, plusieurs chartes propres à des secteurs qui nécessitent des interventions particulières seront produites. Dans cette mission d'élaboration, l'organe devra s'inspirer des avancées déjà existantes en la matière que le comité d'experts aura recueillies. Il pourra également être accompagné par ce comité dans la conception de cette charte au besoin.

Paragraphe II. Les avantages et les caractéristiques de la grande charte

144. Un moyen de contourner l'article 10 du Traité. La quasi-improbabilité d'introduire la RSE en droit OHADA par le biais d'actes uniformes nous conduit à analyser une piste plus probable. L'intérêt qu'il y a à opter pour une charte est que cette dernière échappera aux exigences de l'article 10 du Traité OHADA ; elle n'aura pas vocation à s'appliquer directement et obligatoirement au sein des États membres contrairement aux actes uniformes. La grande charte permettra ainsi aux engagements RSE qu'elle contiendra de conserver leur caractère souple, en d'autres termes cette charte ne pourra pas s'imposer à la volonté des dirigeants d'entreprises, qui conserveront leur faculté d'opter ou non pour la RSE. Ce, en raison du caractère non contraignant de ses engagements.

145. Pourquoi contourner l'article 10 ? L'élaboration de la grande charte aboutira à la résolution de l'une des complications qu'on aurait rencontrées s'il avait fallu opter pour l'introduction des normes RSE par le biais des actes uniformes, à savoir : l'opposition - même si elle tend à disparaître - entre le caractère souple des normes RSE et le caractère dur des actes uniformes. De plus, contourner l'article 10 du Traité sous-entend que le choix sera porté sur des normes RSE non contraignantes en droit OHADA. Cette option est celle qui paraît plus logique au regard des objectifs de l'OHADA, qui consistent entre autres à faire de l'espace OHADA une zone attractive pour les investisseurs. Car, comme précédemment souligné, la multiplicité des contraintes en droit OHADA pourrait constituer un obstacle à la volonté des investisseurs de s'installer au sein de l'un de ses dix-sept États membres. Cette réticence ne devra pas nécessairement être interprétée comme l'expression d'une volonté de ces entreprises d'être libres d'agir en toute irresponsabilité au sein de l'espace OHADA. Celle-ci peut en effet résulter d'une crainte, à savoir : celle de subir des coûts supplémentaires lors de leur implantation, car adopter une démarche RSE représente un coût considérable pour les entreprises. De ce fait, l'imposer de façon systématique peut constituer un frein pour les investissements.

146. Une procédure plus simple. Introduire les normes RSE dans la législation OHADA par la grande charte présente un autre avantage. Cela permettra de contourner la lourdeur de la procédure reconnue à l'adoption ou à la modification des actes uniformes. En effet, le mode d'élaboration de la grande charte est plus simple, un seul organe sera à la base de sa création sans qu'il y ait nécessairement une longue procédure préalable d'approbation. Ainsi, la grande charte contribuera à faire introduire les engagements RSE en droit OHADA dans un délai plus court que celui que nous imposerait une introduction par les actes uniformes. Cette piste permet donc d'aboutir à une proposition plus probable en ce sens qu'elle semble plus pragmatique et plus réaliste que la possibilité offerte par les actes uniformes. En outre, la grande charte présente une particularité qui la différencie des chartes ordinaires : son inhomogénéité.

147. L'inhomogénéité de la grande charte. L'intérêt de produire des normes par secteur est qu'en procédant ainsi, la grande charte aura un caractère inhomogène sur le plan sectoriel, ce qui lui permettra d'être applicable à toutes les entreprises nonobstant leur secteur d'activité. Une charte RSE est censée traduire les engagements au cœur des métiers de chaque entreprise, cependant, bien qu'il soit possible que ces dernières aient des enjeux RSE communs, il n'en demeure pas moins qu'il existe en la matière des difficultés propres à chaque secteur. De ce fait, avec une charte homogène, l'inconvénient qui subsiste est qu'il sera difficile, voire impossible, de l'appliquer à toutes les entreprises, s'il s'avère que ces dernières relèvent de différents secteurs présentant des enjeux RSE spécifiques.

148. Le particularisme de la grande charte. La grande charte RSE de l'OHADA sera des engagements regroupés dans un ensemble de chartes : la principale et les sectorielles. La principale engagera l'ensemble des entreprises signataires, tandis que les sectorielles engageront - en plus de la principale - les entreprises adhérentes en fonction de leur secteur d'activité. À titre illustratif, si le comité d'experts estime qu'il est impérieux d'agir dans le domaine des extractions minières, l'organe RSE se servira des solutions et des avancées en la matière que lui proposera ce comité pour définir les engagements RSE liés à ce secteur. Ainsi, toutes les entreprises minières qui adhèreront à la grande charte seront liées par la charte principale en raison de sa portée générale, mais également par les engagements contenus dans la charte sectorielle minière. Il en sera de même pour toutes les entreprises dont leur secteur fera l'objet d'une réglementation par une charte sectorielle.

149. Une charte complexe, mais complète. Du précédent exemple, il s'en déduit la possibilité qu'une entreprise puisse être liée par la charte principale sans qu'elle le soit par une charte sectorielle. Mais, il est impossible qu'une entreprise puisse être liée par une charte sectorielle, sans qu'elle le soit au préalable par la charte principale. Il est évident que la structuration de la grande charte ne fera pas d'elle la charte la moins complexe qui puisse exister. Cependant, elle présente un avantage qui permet de combler cette complexité. Elle sera en effet dotée d'une portée beaucoup plus large, ce qui lui permettra de toucher le maximum d'entreprises possible en raison de son inhomogénéité. Cette qualité lui permettra de s'adapter à toutes les entreprises nonobstant leur secteur d'activité.

150. La possibilité de se ''*sur-engager*''. Une entreprise déjà détentrice d'une charte RSE en interne pourra conserver la possibilité qui lui est offerte d'adhérer à la grande charte RSE OHADA. En outre, l'adhésion à cette dernière ne pourra pas non plus constituer un obstacle à l'élaboration d'une charte au sein d'une entreprise adhérente qui manifeste ce désir. L'intérêt de cette possibilité dont bénéficient ces entreprises est d'éliminer tous les obstacles que pourraient rencontrer celles qui souhaiteraient s'engager au-delà des exigences prévues par la grande charte.

151. La possibilité de communiquer. Les entreprises adhérentes à la grande charte pourront se baser sur celle-ci pour mener des communications internes et externes, celles-ci devront toutefois s'inscrire dans la limite des engagements prévus par la grande charte afin de ne pas s'exposer au *greenwashing*. Cependant, ne commettront pas de *greenwashing* les entreprises qui communiqueront sur des engagements hors des limites de la grande charte, tant que ceux-ci sont compris dans les limites d'une charte qu'elles auront élaborée en interne.

152. La charte : la solution la plus simple. Les questions relatives à l'accueil de la RSE par la voie normative ayant été traitées, il en ressort que l'OHADA peut recevoir la RSE par cette voie. Cependant, l'usage des actes uniformes comme sources d'irrigation de RSE en droit OHADA est juridiquement possible, mais difficilement réalisable. Le choix le plus simple pour lequel il serait judicieux d'opter est celui de la charte, qui permettra à l'OHADA de se doter de normes RSE le plus rapidement possible, tout en permettant à ces dernières de conserver leur caractère souple. Néanmoins, quel que soit le choix pour lequel les dirigeants de l'OHADA voudront opter, celui-ci devra être accompagné par d'autres sources non normatives d'introduction de la RSE en droit OHADA.

CHAPITRE II. LES MODALITÉS D'ACCUEIL DE LA RSE PAR LA VOIE NON- NORMATIVE

153. L'entrée de la RSE en droit OHADA par la seule voie normative est une option qui risquerait de laisser un goût d'inachevé à cette démarche d'actualisation de ce droit. Il faudrait en effet que cet instrument juridique par lequel la RSE sera accueillie en droit OHADA soit soutenu par des instruments organisationnels et matériels non normatifs. À cet égard, il serait nécessaire d'avoir des personnes compétentes pour rédiger les textes, suivre leur évolution et leur application sur le terrain. En outre, ces textes n'étant pas nécessairement obligatoires, il faudrait des instruments qui amèneraient les entreprises à adhérer à ceux-ci. D'où l'intérêt d'une réflexion portant sur l'introduction de la RSE en droit OHADA par la voie non normative. Cette introduction sera possible grâce à la mise en place d'un organe spécialisé en RSE (**Section première**), qui au- delà de gérer l'aspect normatif de la RSE en droit OHADA, aura pour mission de concevoir un ensemble d'outils incitatifs à la pratique de cette matière au sein des États membres (**Section II**).

SECTION PREMIÈRE. LA CRÉATION D'UN ORGANE SPÉCIALISÉ EN RSE

154. La création d'un organe entièrement consacré à la RSE s'avère indispensable pour une meilleure pratique de cette matière. En effet, il serait plus efficace de prévoir un tel organe qui détiendrait des missions (**Paragraphe premier**) spécifiques qu'il conviendra d'étudier, ainsi qu'une composition (**Paragraphe II**) prenant en compte toutes les parties prenantes qu'il faudra également présenter.

Paragraphe premier. Les missions de l'organe

155. Organisation, planification et incitation. L'organe spécialisé en RSE de l'OHADA pourrait être détenteur de plusieurs missions que sont notamment l'élaboration de la grande charte, la récompense des entreprises exemplaires, la surveillance du respect des engagements de cette charte par les entités signataires, ou encore la réception des dénonciations faites par les parties lésées ou par les lanceurs d'alertes. En effet, les engagements contenus dans la grande charte seront rédigés par cet organe en tenant compte des propositions de solutions faites par le comité d'experts. Il établira le bilan de la pratique RSE des années écoulées, définira les objectifs à atteindre les années à venir, et réalisera une mise à jour de la grande charte en fonction des évolutions et des nouvelles exigences. L'organe RSE de l'OHADA se chargera de dresser une liste des entreprises signataires de la grande charte en vue d'établir une base de données, il se chargera de la publication de cette liste, ainsi que du retrait des entreprises signataires qui ne respecteront pas les engagements prévus par cette charte. Par ailleurs, dans cette dynamique d'incitation à la pratique de la RSE dans l'espace OHADA, l'organe aura également pour mission d'élaborer un label RSE OHADA et définira les conditions d'obtention de celui-ci. En plus de ce label, il sera missionné pour la désignation des meilleures entreprises en matière de pratique RSE, parmi lesquelles la meilleure se verra décerner un prix.

156. Pédagogie et écoute. Aussi, une mission pédagogique sera-t-elle reconnue à cet organe, qui devra

dans ce cadre mener des campagnes de sensibilisation sur les enjeux de la RSE à l'endroit des dirigeants des entreprises, des salariés et surtout de la population en vue de leur inculquer la culture de la RSE. Une autre mission d'une importance capitale qu'aura l'organe RSE de l'OHADA sera celle de la réception des plaintes. Bien que n'ayant pas la compétence de sanctionner dans le sens plein[117] du terme, l'organe dans sa mission de réception des plaintes devra se montrer disponible pour toutes les personnes exprimant le besoin de dénoncer des faits qu'elles auraient subis ou constatés. Ainsi, des personnes vulnérables comme les salariés ou de simples citoyens qui subiront des agissements contraires aux principes de la RSE pourront dénoncer leurs auteurs auprès de l'organe, idem pour les lanceurs d'alertes qui voudront signaler des comportements *anti RSE* qu'il leur sera donné de constater. En retour, l'organe devra constater les faits dénoncés et prendre les mesures nécessaires - dans le cas où ils sont avérés - afin de les faire cesser.

Paragraphe II. La composition de l'organe

157. L'équipe des spécialistes. Une mission aussi plurielle que technique que celle assignée à l'organe doit être menée par une équipe diversement constituée. En effet, cet organe doit être principalement composé de personnes ayant une bonne maîtrise de la RSE en raison de sa technicité et de sa diversité. Ceux qu'on pourrait se permettre d'appeler les spécialistes devront traiter les aspects les plus techniques des missions confiées à l'organe. Le recrutement de ces derniers doit être effectué

[117] Le seul moyen de pression que détiendra l'organe sera de procéder au retrait des entreprises concernées de la liste des signataires de la grande charte, dans le cas où celles-ci y figuraient.

en fonction des secteurs qui constituent un enjeu majeur en matière de RSE dans l'espace OHADA. À cet effet, une étude préalable conduite par un comité d'experts devra être réalisée en vue de déterminer les secteurs au sein desquels l'intervention de la RSE est urgente. Chaque spécialiste sera affecté à un secteur déterminé, il aura la charge de proposer des solutions aux problèmes liés à la RSE auquel son secteur est confronté. C'est la somme de toutes les propositions de solutions relatives à chaque secteur qui guidera la rédaction de la grande charte RSE de l'OHADA.

158. L'équipe des représentants. Selon Mandela (N.) : « ce qui est fait pour nous, que d'autres ont décidé sans nous, est en réalité contre nous », cette pensée devra être prise en compte lors de la composition de l'organe. En effet, celui-ci devra compter en son sein des représentants des différentes parties prenantes afin qu'elles se sentent impliquées dans les prises de décisions. N'étant pas nécessairement outillés pour accomplir des missions hautement techniques, ces représentants auront pour rôle d'appuyer les spécialistes dans leur tâche ; ils n'auront qu'une mission d'accompagnement et de représentation. Ce seront un représentant des chefs d'entreprise, un représentant des salariés et un représentant des communautés[118] qui formeront cette équipe. En plus du rôle d'appui aux spécialistes qui leur sera reconnu, ils seront également les principaux acteurs dans la mission d'écoute confiée à l'organe. C'est en effet ce trio qui se chargera de réceptionner les plaintes ou les dénonciations qui seront émises à l'organe par les particuliers, ils devront écouter les plaignants ou les dénonciateurs au nom de l'organe, qui se chargera – dans son ensemble – de mettre en œuvre les démarches nécessaires destinées à faire

---

[118] Ce sera un seul représentant pour l'ensemble des communautés, principalement en proie aux agissements *anti RSE* des entreprises

cesser les raisons de ces plaintes ou de ces dénonciations. Les représentants seront de véritables relais entre les parties prenantes et l'organe, car en plus de faire remonter les inquiétudes de ces dernières, ils devront être le canal de transmission chargé de faire circuler les décisions prises par l'organe vers ces mêmes parties prenantes.

SECTION II. LA CONCEPTION D'OUTILS INCITATIFS À LA PRATIQUE DE LA RSE

159. La mise en place de l'organe doit être accompagnée d'une stratégie qui amènera les entreprises à pratiquer la RSE. L'emprunt de la voie de l'obligation étant l'exception en la matière, il ne reste que la voie incitative à emprunter pour attirer ces entreprises vers la RSE. Concrètement, cette stratégie consistera à élaborer et publier la liste des entreprises signataires de la grande charte (**Paragraphe premier**), à laquelle s'ajoutera la création d'un label et d'un prix RSE OHADA (**Paragraphe II**).

Paragraphe premier. La liste des signataires de la grande charte

160. L'identification et la publication. La grande charte RSE de l'OHADA étant rédigée, toutes les entreprises qui y adhéreront devront être répertoriées par l'organe RSE et connues du public. Pour ce faire, il conviendra d'établir une liste qui indiquera toutes les entreprises ayant adhéré à cette charte. Cette liste constituera la base de données des entreprises adhérentes, elle sera gérée par l'organe RSE qui se chargera de l'établir, la modifier et surtout la publier. La modification de cette liste s'entend par le fait que l'organe rajoutera au fur et à mesure les entreprises qui progressivement adhèreront à la grande charte, mais également par le fait que celui-ci devra retirer de la liste, toutes les entreprises adhérentes qui ne respecteront pas les engagements contenus dans la charte.

161. La publication de la liste. La liste des adhérentes sera publiée dans le but de la rendre la plus accessible possible ; toute personne désireuse de rentrer en possession de celle-ci devrait pouvoir le faire sans rencontrer de difficultés. Cette publication pourra se faire par tous moyens et sur tous supports, l'organe pourra dès lors publier cette liste sur le site internet de l'OHADA, ainsi que sur celui de ses différents organes. Il pourra également mettre cette liste à la disposition des visiteurs des centres de documentation de la CCJA et/ou de l'ERSUMA, ou encore l'adjoindre aux *newsletters* qu'elle jugera nécessaires de créer afin de mieux communiquer avec le public sur son actualité, ses missions et ses objectifs. Ces différentes options ci-dessus énumérées ne sont que des possibilités auxquelles l'organe pourra recourir pour rendre cette liste très accessible. Cependant, il lui sera obligatoire de la rendre disponible dans ses locaux pour ses visiteurs, et téléchargeable sur sa vitrine virtuelle. L'idée étant de rendre cette dernière disponible en tout temps et en tous lieux.

162. Renforcer la réputation des adhérents par la publication. C'est la publication de la liste des adhérents qui fera d'elle un véritable outil incitatif à la pratique de la RSE. En effet, l'intérêt qu'il y a à publier cette dernière est qu'elle contribuera à rendre public l'engagement RSE des entreprises adhérentes. Ainsi, la réputation de ces dernières s'améliorera, ce qui pourrait avoir un impact important sur le comportement des consommateurs qui souhaiteraient opter pour des produits conçus par entreprises responsables. La préservation ou l'amélioration de la réputation des entreprises représente un enjeu dont l'importance ne cesse de croître chez les dirigeants. En adhérant à la grande charte, au-delà d'entamer une simple démarche RSE, ces dirigeants verront en l'inscription de leur entreprise sur cette liste une aubaine à exploiter dans le cadre de leur stratégie de communication. À *contrario*, les entreprises qui n'y figureront pas risqueront d'être mal perçues par les différentes parties prenantes, et n'oseront pas clamer auprès de leurs partenaires qu'elles sont signataires de la grande charte, vu que ces derniers pourront aisément vérifier cette information en raison de la grande accessibilité de la liste.

163. Les autres intérêts de la publication. La publication de la liste des adhérentes sera un moyen efficace de lutte contre l'écoblanchiment auquel certaines entreprises se seraient livrées si la liste était confidentielle. Cette publication sera par ailleurs un moyen de pression que l'organe aura sur les entreprises signataires. Ces dernières, conscientes du fait que leur retrait de cette liste en cas de non-respect de leurs engagements sera su du public, s'efforceront à respecter les exigences de la charte. La publication de la décision du retrait de la liste des entreprises signataires ne respectant pas leurs engagements est un facteur qui améliorera la perception que les dirigeants se feront de la charte. Assurément, ces derniers ne verront pas cette charte comme un simple effet de mode à laquelle il leur sera possible d'adhérer, sans qu'en retour ils assurent le suivi nécessaire pour le respect des engagements qu'elle contient. Plus qu'une simple liste, l'organe en assurant l'efficacité et l'effectivité de sa publication, pourra en faire un réel outil incitatif à la pratique de la RSE au même titre que le label et le prix RSE de L'OHADA qu'il serait nécessaire d'instaurer.

Paragraphe II. L'instauration d'un label et d'un prix RSE

164. Un nouveau label RSE OHADA. Après l'adhésion des entreprises à la grande charte RSE de l'OHADA, l'organe devra mettre en place un label qui représentera la reconnaissance solennelle du respect par les entreprises adhérentes, des engagements contenus dans cette charte. Ce label qui aura une portée généraliste sera attribué par l'organe pour une période déterminée, en fonction d'un référentiel qu'il se chargera de définir. Toutefois, la création de ce label généraliste ne pourra pas empêcher la création d'autres labels sectoriels ou thématiques. Il reviendra cependant à l'organe de veiller à ce qu'il n'y ait pas un très grand florilège de labels en droit OHADA comme il est déjà donné de constater en matière de RSE.

165. Pourquoi créer un label ? Le label représente un gage de confiance et de crédibilité qui apporte indubitablement une plus-value aux produits, aux services, mais surtout à l'image des entreprises. Le fait pour l'OHADA de se doter d'un label va conduire les entreprises qui souhaitent renforcer leur réputation, à améliorer leur attitude sur le marché. Elles ne se contenteront plus de simplement engager une démarche RSE, elles voudront au-delà de cette démarche, solidifier la crédibilité de leurs produits ou de leurs services grâce au label RSE. Pour ce faire, celui-ci devra être doté d'une forte notoriété. Le label n'étant pas une reconnaissance attribuée qu'à une seule entreprise, celles-ci pourront par conséquent être plusieurs à en bénéficier, pourvu qu'elles le méritent. Cependant, la meilleure d'entre elles pourra jouir d'une reconnaissance qu'elle seule aura le mérite de recevoir au regard de ses efforts. Cette reconnaissance personnelle sera un prix qui lui sera octroyé eu égard au respect strict de ses différents engagements RSE.

166. Le prix RSE OHADA. « La conscience d'avoir bien agi est une récompense en soi », affirmait Sénèque. Cela dit, les entreprises ayant adhéré à la grande charte RSE de l'OHADA pourraient en plus de l'amélioration de leur réputation, considérer la bonne conscience que leur démarche hautement salutaire leur octroierait comme une récompense. Cependant, sans aucune prétention de remettre en question cette pensée de ce célèbre philosophe, il serait plus intéressant de faire bénéficier aux entreprises exemplaires une récompense plus concrète allant au-delà d'une simple récompense morale. Il faudrait en effet créer un prix, que seules les entreprises les plus responsables auront le privilège de recevoir.

167. Pourquoi créer un prix ? Ce prix viendra couronner l'effort des entreprises adhérentes ayant fait preuve d'exemplarité. En effet, les entreprises qui auront parfaitement respecté les engagements de la charte - voire plus[119] - seront mises en compétition de sorte que la meilleure d'entre elles soit récompensée par un prix : le prix RSE OHADA. Ce prix, autour duquel il va falloir créer un certain prestige[120] devra être décerné en considération de critères très stricts définis par l'organe. Son instauration et son prestige susciteront une compétition saine entre les entreprises désireuses d'apporter une forte crédibilité à leur réputation. Ce faisant, les dirigeants seront plus regardants sur la mise en application effective par leurs entreprises des engagements contenus dans la grande charte pour lesquels ils se sont engagés. Mieux, ces dirigeants pourront aller plus loin en

---

[119] Les entreprises auront la possibilité de poursuivre d'autres objectifs RSE en interne.

[120] Le prix RSE OHADA doit être doté d'une forte valeur aux yeux des entreprises. Pour ce faire, il doit avoir un certain prestige, pour la simple raison qu'aucune entreprise n'irait en compétition en vue de l'obtention d'un prix dénué de prestige.

développant des politiques RSE propres à leurs entreprises[121] afin de démontrer leur degré d'implication en la matière. Il reviendra à l'organe de créer ce prix et de déterminer les conditions à respecter pour prétendre en être le lauréat.

168. Le mode d'octroi et l'évolution du prix. Concernant le mode d'octroi, il faudra qu'il soit mixte pour permettre à celui-ci de bénéficier d'une crédibilité irréprochable. Cette mixité évitera que ce soit uniquement l'organe qui décerne le prix à l'éventuelle entreprise lauréate. Il faudra en effet qu'en plus de l'organe, d'autres entités soient associées, celles-ci pourraient être des salariées, des structures syndicales ou des organisations de consommateurs. Chaque partie détiendra un droit de vote dont le pourcentage sera fixé par l'organe. Au fur et à mesure de l'évolution et du succès de ce prix, l'organe pourra envisager d'organiser d'autres récompenses à l'endroit des entreprises liées par les chartes sectorielles. Ces prix sectoriels récompenseront les entreprises les plus exemplaires dans chaque secteur. L'avènement des prix sectoriels fera évoluer le prix RSE OHADA, qui pourrait plus tard devenir le grand prix RSE OHADA, étant donné qu'il a vocation à récompenser l'entreprise la plus exemplaire tous secteurs confondus.

---

[121] Cf. V. n°149.

LE CABINET *AFRIQUE RSE* SÉLECTIONNÉ POUR MENER UNE ÉTUDE SUR L'INTRODUCTION DE LA RSE EN DROIT OHADA : QUELQUES REMARQUES.

Au cours de la rédaction de cet ouvrage, le cabinet *Afrique RSE* a été sélectionné par la coopération Allemande pour le développement (GIZ) en vue de la réalisation d'une étude portant sur la manière dont les normes RSE pourraient être introduites en droit OHADA. Le choix porté sur le cabinet *Afrique RSE* est salutaire en ce sens où c'est un cabinet qui maîtrise les réalités africaines, et qui de surcroît, a eu l'occasion de faire ses preuves grâce à plusieurs missions réalisées sur ce continent. *Afrique RSE* devait dans le cadre de cette nouvelle mission, produire des livrables à transmettre aux dirigeants de l'OHADA. Ce sont :

- une brève présentation de l'Organisation et du contexte ;
- l'identification des mécanismes de RSE existant dans le droit des États membres et dans le droit intergouvernemental ;
- une mise en revue des options d'ancrage des mécanismes de RSE dans le droit OHADA en vigueur ;

- un projet de textes normatifs à concrétiser qui peuvent être intégrés dans le droit OHADA ;
- éventuellement, la désignation des textes de loi et des dispositions du droit OHADA qui devraient être modifiés ;
- une proposition de modification à soumettre au Secrétariat permanent de l'OHADA afin d'intégrer les règles de la RSE dans le droit OHADA en vigueur.

Au regard de ces livrables, il ressort au vu de leurs intitulés qu'ils sont pour la plupart proches de certaines propositions faites dans ce présent ouvrage. C'est notamment le cas avec le livrable 2 qui semble être en adéquation avec l'identification des pratiques RSE déjà en vigueur dans l'espace OHADA qui fait partie des missions que le comité d'experts devrait avoir. Le livrable 5 a l'air de se rapprocher de la question portant sur la présentation des actes uniformes susceptibles d' être irrigués par les normes RSE dont il a été question ci-dessus. Le livrable 4 semble quant à lui porter sur l'adoption d'un nouveau texte (acte uniforme portant sur la RSE ou charte) en droit OHADA, une proposition également analysée dans ce livre. Et enfin, le livrable 6 paraît s'orienter vers la modification des textes (Traité ou actes uniformes) déjà en vigueur dans l'OHADA, un autre point longuement développé plus haut.

Ces livrables n'ayant pas été encore rendus publics au moment de la rédaction de cet ouvrage, le mieux qu'il serait possible d'espérer est que leur contenu soit en parfaite adéquation avec les propositions qui ont été faites dans ledit ouvrage ou qu'ils touchent des points qui n'y ont pas été abordés. Par ailleurs, il se pourrait *éventuellement* comme le mentionne le livrable 5, qu'il y ait une proposition de modification de textes de loi déjà présents en droit OHADA. Ce qui ne serait pas nécessairement la meilleure option d'insertion de la RSE en droit OHADA comme il a été précédemment analysé.

Une autre remarque importante concernant ces livrables, aucun d'entre eux ne semble porter sur une proposition d'insertion de la RSE en droit OHADA par une voie non nécessairement normative. Cette piste aurait pu être éventuellement exploitable par le cabinet *Afrique RSE*, dont la qualité de l'étude qu'elle réalisera ne souffrira certainement d'aucun doute.

CONCLUSION GÉNÉRALE

169. Le droit OHADA a su permettre à ses États membres de regagner la confiance des investisseurs. L'harmonisation du droit des affaires proposée comme solution à l'insécurité juridico-judiciaire que connaissaient ces États s'est avérée être un pari gagnant. Cependant, cette réussite qui fait la fierté de ce droit n'a d'impacts positifs que sur la situation économique de ses États membres. À l'heure où les enjeux mondiaux sont environnementaux, climatiques, ou sociétaux, l'OHADA n'a plus d'autres choix que de s'ouvrir à de nouvelles perspectives. Elle doit nécessairement actualiser ses objectifs en y incluant des données en lien avec ces nouveaux enjeux. La RSE se positionne comme la matière qui puisse permettre à l'OHADA d'atteindre ce but. La prise en compte par cette organisation des principes contenus dans ce concept lui permettra d'ajuster ses objectifs aux besoins présents. Toutefois, l'OHADA étant un droit qui s'applique sur un continent avec des réalités qui lui sont propres, elle doit impérativement contextualiser la RSE lors de son intégration dans son dispositif.

170. Une intégration réussie de la RSE dans l'OHADA lui apportera un nouveau souffle, elle la redynamisera et la classera au rang des organisations responsables. Cette intégration acclimatera les objectifs de l'OHADA aux réalités actuelles. Toutefois, pour aboutir à cette intégration réussie, celle-ci devra se faire à travers un procédé efficace. Ce travail a démontré qu'une introduction par les actes uniformes est juridiquement possible, mais objectivement improbable, ce, en raison de la lourdeur procédurale qui entoure les révisions et l'adoption de ces textes. Mais également en raison du caractère contraignant de ceux-ci. La solution idoine pour parer au plus urgent est l'élaboration d'une charte, qui aura des caractéristiques propres au contexte *ohadien.*

Celle-ci devra être mise en œuvre par un nouvel organe, qui se chargera également de concevoir des mesures incitatives à la pratique de la RSE au sein des dix-sept États membres de l'OHADA.

171. La récente volonté du Conseil des ministres de voir la RSE intégrer le droit OHADA laisse augurer un bon présage. Aussi, le dynamisme affiché par l'actuel Secrétaire permanent en ce sens confirme-t-il cette marche vers de nouveaux horizons que l'OHADA a choisi d'entamer. Fort heureusement, cette volonté court vers une matérialisation concrète avec la désignation du cabinet *Afrique RSE* pour mener une étude sur la manière dont la RSE pourrait être reçue en droit OHADA. Cependant, la concrétisation de ce projet doit être en mesure de concilier les intérêts des investisseurs avec les objectifs sociétaux, environnementaux et climatiques à atteindre. Quoi qu'il en soit, cette nouvelle orientation de l'OHADA vers la RSE inspirera de nombreux travaux scientifiques, sur lesquels l'OHADA devra nécessairement s'appuyer pour réussir ce projet.

INDICATIONS BIBLIOGRAPHIQUES

1. Références bibliographiques

- Mémoire et Thèses

DOGUE (K. O. C.), *Jalons pour un cadre de référence OHADA en droit des contrats* (dir.) Darankoum (E. S.), thèse Université de Montréal, 2013

Kabwe (T.M.), *La responsabilité sociétale des entreprises selon les nouveaux codes miniers africains*, (dir.) Nouvel (Y.), thèse Université Paris 2, 2019.

Mattei (L.), *La responsabilité sociétale des entreprises et la médiation*, (dir.) Grelon (B.), thèse Université Paris-Dauphine, 2012.

Taleb (B.), *Les motivations d'engagement des entreprises dans la responsabilité sociale : le cas du secteur industriel algérien*, (dir.) Avignon (S.), thèse Aix-Marseille Université, 2013

Yaméogo (U. K-S.), *l'émergence de la responsabilité sociale des entreprises en Afrique : état des lieux, enjeux et perspectives*, mémoire Université Paris XII, 2007

- Ouvrages individuels

Bowen (H.), Social responsabilities of the businessman, New York, NY, Harper, 1953.

Cornu (G.), vocabulaire juridique, 12ème ed. PUF, 2017

Kaboré (F. P.), *Responsabilité sociétale de l'entreprise et management éthique en Afrique*, 1ère ed. cerap. 2017.

Lépineux (Fr.), **Rosé (J. J.)**, **Bonanni (C.)** et **Hudson (S.)**, *La RSE La responsabilité sociale des entreprises, Théories et pratiques*, 2ème éd., Dunod, 2016.

Loueyi (P.), *Système comptable Ohada par l'application*, 1ère ed. L'harmattan, 2018.

Ntsonde (J.), **Aggeri (F.)**, *Repenser la RSE dans le contexte d'un pays en voie de développement, le cas de l'économie circulaire au Cameroun*, RIODD, Oct 2017, Paris, France. ffhalshs-01620352f, p.32-33.

Pohé (D.), *Droit des sociétés commerciales et coopératives dans l'espace Ohada*, 1ère ed. Bruylant, 2020.
Wong (A.) et Yaméogo (U. K-S.), *Les responsabilités sociétales des entreprises en Afrique francophone*, 1ère ed. Charles Léopold Mayer, 2011.
- Ouvrage collectif

Kenfack Douajni (G.), « L'exemple de l'Ohada », *in l'éthique dans l'arbitrage*, (dir.) Keutgen (G.), Bruylant, 2012, p. 123.
Wong (A.), « La dimension interculturelle de la RSE en Afrique, une RSE africaine qui ne dit pas son nom » 2006, in (dir.) Kamdem, (E.), *Innovation entrepreneuriale et développement durable en Afrique : défis et opportunités*, Paris, L'Harmattan, 2006, p. 93-128.
- Articles et revues

Cadet (I.), « *La norme ISO 26000 relative à la responsabilité sociétale : une nouvelle source d'usages internationaux* », *RIDE*, 2010, p. 401.
Diawara (K.) et **Lavallée (S.)**, « *La responsabilité sociale de l'entreprise (RSE) dans l'espace Ohada : pour une ouverture aux considérations non économiques* », *RIDE*, 2014, p. 431.
Diop (C. M.) et **N'Gaha Bah (A.)**, « *Peut-on parler de l'émergence d'un modèle RSE africain : la situation du Sénégal ?* », *RCG*, 2018, p. 67.
Duport (M.) et **Peretti (J-M.)**, « *Les engagements en matière de responsabilité sociale, sociétale et environnementale en Afrique à travers les déclarations de performance extra-financière des entreprises (DPEF)* », *RMI*, 2020, p. 101.
Frimousse (S.) et **Peretti (J-M.)**, « *L'éthique, clé d'une croissance durable et inclusive* », *QDM*, 2019, p. 24.
Jacquemot (P.), « *Les entreprises françaises et le développement en Afrique* », *RTM*, 2015 p. 123.

Koleva (P.) et **Gherib (J.)**, « La responsabilité sociale des entreprises en Tunisie : une lecture institutionnaliste », *RTM*, 2012, p. 83.
Mubérankiko (G.), « *La responsabilité sociétale des entreprises dans la gouvernance des sociétés en droit OHADA* », Lexbase Afrique-OHADA, Ed. n°34, Paris, Juin 2020, p 46-57.
Ntsonde (J.) et **Aggeri (F.)**, *Repenser la RSE dans le contexte d'un pays en voie de développement, le cas de l'économie circulaire au Cameroun*, RIODD, 2017, [en ligne], (dernière consultation le 11 mai 2021), https://halshs.archives-ouvertes.fr/halshs-01620352, p.32-33.
Pellerin (M.), « *La responsabilité sociétale des multinationales : un engagement éthique au regard de leur sûreté* », *SES*, 2010, p. 95.
Barry (P.), « *L'Afrique sur la voie de la RSE* », *SDP La revue de POPARCO*, 2015, p. 2-5.
Téné (T.), « *Déployer une culture RSE en Afrique* », *ADM*, 2019, p. 76.
Wong (A.), « *Pour une approche interculturelle de la RSE en Afrique* », *SDP La revue de POPARCO*, 2015, p. 6-8.

- Encyclopédie (rubrique)

Pougoue (P. G.), « Encyclopédie du droit Ohada », ed. L'harmattan, déc. 2012.

2. Législation, réglementation

L. n° 2014-390 d'orientation sur le développement durable, en Côte d'Ivoire, JO 03 juil. 2014, p. 21.
Traité de l'Organisation pour l'harmonisation du droit des affaires en Afrique, 2008, p. 6.
Acte uniforme relatif aux contrats de transport de marchandises par route, 01 jan. 2004.
Acte uniforme révisé portant sur le droit commercial général, 15 déc. 2010.

Acte uniforme révisé portant organisation des sûretés, 16 avr. 2011.
Acte uniforme révisé relatif au droit des sociétés commerciales et du groupement d'intérêt économique, 05 mai 2014.
Acte uniforme portant organisation des procédures collectives d'apurement du passif, 24 déc. 2015.
Acte uniforme relatif au droit de l'arbitrage, 23 nov. 2017.
Acte uniforme relatif à la médiation, 23 nov. 2017.
Acte uniforme relatif au droit comptable et à l'information financière, 01 jan. 2018.

3. Documentation d'organismes internationaux

« Agenda 2063, l'Afrique que nous voulons », Union Africaine, 2015
« L'Afrique subsaharienne. De la crise à une croissance durable », Banque mondiale, 1989, p.1
« Promouvoir un cadre européen pour la RSE », livre vert, Commission européenne, 2001, p.8.
« Rapport Doing Business », Banque mondiale, 2017
« Rapport Doing Business », Banque mondiale, 2018
« Rapport Doing Business », Banque mondiale, 2019

4. Articles de presse

Cessou (S.), « *Le poids du secteur informel* », Le Monde diplomatique, novembre 2015, [en ligne], (dernière consultation le 13 mai 2021), https://www.monde-diplomatique.fr/mav/143/CESSOU/53893#:~:text=Par%20définition%2C%20le%20secteur,Asie%20—%20échappe%20à%20toute%20statistique.&text=Autre%20indicateur%20de%20l'importance,%25%20selon%20la%20Banque%20mondiale
Darame (M), « En Afrique de l'Ouest, une pollution mortelle mais d'ampleur inconnue », Le Monde, 29 novembre 2019, [en ligne], (dernière consul

tation le 13 mai 2021),
https://www.lemonde.fr/afrique/article/2019/11/29/en-afrique-de-l-ouest-une-pollution-mortelle-mais-d-ampleur-inconnue_6021103_3212.html

Darankoum (E. S.), « *De la prise en compte de l'OHADA dans la construction de la ZLECAf* », site internet de l'OHADA, 06 décembre 2019, [en ligne], (dernière consultation le 13 mai 2019), https://www.ohada.org/le-secretaire-permanent-de-l-ohada-appelle-a-la-creation-d-une-zone-ohada-zlecaf/

Diop (M.), « *Responsabilité sociétale des entreprises : La nouvelle jauge pour l'Ohada* », Afrimag, 16 avril 2021, [en ligne], (dernière consultation le 03 mai 2021), https://afrimag.net/responsabilite-societale-entreprises-nouvelle-jauge/

La rédaction, « *Faire de l'OHADA l'espace intégré le plus sociétalement responsable !* », 4 février 2021, [en ligne], (dernièrement consulté le 10 avril 2021), https://afrimag.net/opinion-ohada-responsabilite-societale-entreprises/

Najji (Y.), « *Les PME, moteur d'une croissance durable en Afrique* », Les Échos, 13 mars 2019, [en ligne], (dernière consultation le 13 mai 2021), https://www.lesechos.fr/idees-debats/cercle/opinion-les-pme-moteur-dune-croissance-durable-en-afrique-1000131

Sossa (C. D.), « S'il existe aujourd'hui un renouveau économique en Afrique, L'OHADA y a beaucoup contribué ! », Décideurs Magazine, 28 mai 2015, [en ligne], (dernière consultation le 17 mai 2021), https://www.magazine-decideurs.com/news/dorothe-cossi-sossa-ohada-s-il-existe-aujourd-hui-un-renouveau-economique-en-afrique-l-ohada-y-a-beaucoup-contribue

INDEX

(Les numéros dans l'index ramènent aux pages de l'ouvrage.)

TABLE DES MATIÈRES